Introducción a la Predicación Bíblica

José Santander Franco

LIBROS DESAFÍO

Sn. Juan

Introducción a la predicación bíblica

Autor: José Santander Franco S.
Diseño de cubierta: Josué Torres

Primera edición: 1970
Segunda edición: 1985
Tercera edición: 1991
Cuarta edición: 1996
Reimpresiones: 2000, 2008

Publicado por

LIBROS DESAFÍO
2850 Kalamazoo Ave SE
Grand Rapids, Michigan 49560
EE.UU.
info@librosdesafio.org
www.librosdesafio.org

604200
ISBN 978-1-55955-086-4

Impreso en los EE.UU.
Printed in the United States of America

INDICE

INTRODUCCION

La predicación cristiana es una vocación, un llamado a hablar en nombre de Dios. Al proclamar el mensaje de Dios, los predicadores lo expresan en las formas que el pueblo puede entender. El propósito general de este curso es que el alumno aprenda cómo preparar un sermón que presenta el mensaje de Dios de manera que toca el corazón y la vida de los oyentes.

Este curso es diferente de muchos otros libros de estudio en que está arreglado para que el alumno pueda aprender en su propia casa por el estudio diario. Estudiando un poco cada día puede asimilar el material en forma tranquila, meditada y provechosa; y así aprovecharse mejor de la hora de la clase, donde se reúna con otros alumnos para aclarar los puntos oscuros, para ampliar la información dada en el texto y para comentar sobre la materia con los demás.

El curso consiste de 11 lecciones, pero sería aconsejable que dedique algunas semanas adicionales a la preparación de sermones y su análisis en la hora de la clase. Además el alumno puede hacer un estudio analítico y crítico de sermones de varios predicadores en América Latina.

Se sugiere que, antes de empezar este curso, se realice un curso de análisis textual que ayudará al alumno en la interpretación bíblica que exige la predicación.

Cada lección consiste de tres elementos: la información, la aplicación y la comprobación. La información da el contenido de la lección. Debe estudiarla hasta que esté clara. Después sigue con la aplicación por contestar algunas preguntas o hacer unos ejercicios de práctica sobre la información. Después de contestar las preguntas y hacer los ejercicios, usted puede comparar sus respuestas con las dadas en las comprobaciones, para ver si ha contestado bien. La sección de comprobaciones comienza en la página 99. Las comprobaciones dan las respuestas correctas y en algunas casos explican porque otras respuestas están equivocadas. Algunos ejercicios no tienen comprobación sino son para comentar en la clase.

¡Adelante! ¡Que el Señor le ayude a prepararse mejor para su obra!

LECCION 1
DEFINICION

> El propósito de esta lección es que el alumno aprenda qué es la homilética. Al terminar la lección, el alumno:
>
> 1. escribirá una definición breve de homilética.
> 2. describirá qué es el mensaje.
> 3. explicará qué es predicar.

¿QUE ES HOMILETICA?

Es indispensable conocer algunas definiciones generales que son de vital importancia antes de estudiar cómo presentar un mensaje ante un grupo de oyentes. El aspirante a predicador puede ser comparado con el niño que, al asistir a la escuela, primero tiene que aprender qué son las matemáticas, para luego poder emplear tal conocimiento en resolver algunos problemas. En idéntica forma, el candidato al púlpito debe conocer primero qué es la homilética, qué es un mensaje y qué es predicar.

Homilética es un estudio del arte de preparar y predicar el mensaje del evangelio de Dios en Jesucristo ante un grupo de oyentes.

La definición anterior sugiere dos cosas: primero, la homilética da las reglas necesarias para la selección y organización del material para el mensaje; segundo, se relaciona especialmente con el mensaje de la Biblia.

1. ¿Qué es homilética? (Escoja la definición correcta, y luego márquela con una **X**.)
   ___ a. Es el arte de presentar discursos políticos a todo tipo de oyente.
   ___ b. Es lo que nos enseña a interpretar adecuadamente la Biblia para poder enseñar a los miembros de la iglesia.
   _X_ c. Es el estudio que nos enseña a preparar y presentar correctamente un mensaje o sermón bíblico, ante un grupo de oyentes.

2. En el curso de homilética estudiamos cómo preparar y predicar el evangelio de _Dios_ en _Jesucristo_.

3. ¿Cuáles son los dos principios que sugiere esta definición de la homilética?

   a. La homilética da las reglas necesarias para la _selección_.

   b. La homilética se relaciona especialmente con el _mensaje_.

4. Explique en sus propias palabras qué es homilética.

¿QUE ES EL MENSAJE?

El mensaje consiste en la transmisión del evangelio de Dios a los oyentes. Por lo tanto, el verdadero mensaje no es lo que el predicador inventa o determina decir por su propia cuenta, sino la presentación de la voluntad de Dios. En el Antiguo Testamento los profetas fueron los predicadores al pueblo de Israel. Siempre que presentaron sus mensajes dijeron: *Así dijo Jehová.* Así que el mensaje es la proclamación de la palabra de Dios.

Sólo cuando el mensaje es extraído de la Biblia, el predicador puede decir: "Esta es palabra de Dios". Este mensaje es bíblico porque su fuente es la Biblia.

Dios habla al hombre por medio de la Biblia. El fiel predicador deriva sus mensajes de ella y los dirige a las necesidades de los oyentes. Sólo el mensaje bíblico puede satisfacer plenamente las necesidades de los oyentes. La tarea del predicador tiene que ver con la aplicación de este mensaje bíblico a las necesidades de su congregación. Por esta razón, es indispensable que el predicador conozca profundamente cuáles son las necesidades de su iglesia.

5. ¿Qué es un mensaje? (Marque la respuesta correcta con una X.)
    ___ a. Un mensaje es el resultado de un profundo estudio que hace el predicador, sin la dependencia divina.
    _X_ b. Un mensaje consiste de las grandes verdades que Dios da al predicador por medio de la Biblia, y la comisión que le impone para comunicarlas al pueblo, conforme a sus necesidades.
    ___ c. Un mensaje es un buen artículo que el predicador saca de una revista cristiana, y luego se lo lee a la congregación.

6. El predicador puede sentirse revestido de autoridad cuando un mensaje ha sido derivado de la _Biblia_ .

7. De acuerdo a lo que ha estudiado, ¿cómo puede el predicador aplicar el mensaje bíblico a las necesidades de sus oyentes?
   Conociendo profundamente las necesidades de la iglecia

¿QUE ES PREDICAR?

La predicación es la proclamación de los hechos pasados y maravillosos de la salvación de Dios. Estos hechos iluminan el presente con esperanza para el futuro. Tal predicación ocasiona alabanza y arrepentimiento, da consuelo y esperanza, y le lleva al creyente hacia la madurez en Cristo. Por esta razón, un artículo no es una predicación. La predicación requiere una persona por medio de la cual se presente el mensaje divino.

A. SEGUN EL NUEVO TESTAMENTO

En el Nuevo Testamento se encuentran algunas palabras que nos ayudan a entender con mayor amplitud el significado de la predicación.

1. Predicar quiere decir hablar o platicar (Mr. 2:2; Hch. 4:1; 3:20; 11)

   Esta fue una manera informal de presentar el evangelio ante un grupo de personas, en una forma de conversación. Esto puede compararse con lo que en nuestro día llamamos **estudio bíblico**.

2. Tiene el sentido de enseñar (Hch. 17:1-4)

   San Pablo usó mucho este método para enseñar a los judíos convertidos a las doctrinas de Cristo, basándose en el Antiguo Testamento. Fue usado para los catecúmenos que deseaban ingresar en la fe cristiana.

3. Quiere decir argumentar (Hch. 24:25)

Esta manera de predicar la usaron todos los discípulos para probarles a los judíos rebeldes que Jesús era el Cristo. Este fue el método argumentador o de controversia.

4. El estilo más usado es el de proclamar o anunciar

Este método fue usado para comunicar las buenas nuevas de salvación a los gentiles.

8. Subraye las palabras que indican más correctamente el significado que tuvo la predicación en los días apostólicos.

anunciar	calumniar	escribir	proclamar
argumentar	enseñar	hablar	regañar

B. LAS METAS

No importa mucho cuál sea el método que se use. Generalmente la predicación tiene como meta dos fines principales: 1) traer los hombres a Cristo, bajo un sincero arrepentimiento y 2) edificarles en las doctrinas de la fe cristiana, hasta llegar a una plena madurez espiritual. Dios busca salvar al hombre perdido. La predicación fue, es, y será el medio de lograr ese fin.

9. Marque con una X la definición de la predicación que le parezca correcta.

____ a. La predicación es cualquier sermón o discurso que trate de Dios, aunque no se base en la Biblia.

____ b. La predicación es el arte de presentar una buena conferencia sobre asuntos morales.

__X__ c. La predicación es el acto de comunicar verbalmente la verdad de Dios al pueblo, con el propósito de que conozcan a Cristo y le sigan fielmente.

10. En resumen: ¿Cuál ha de ser el propósito de la predicación bíblica?

AUTOEVALUACION

1. Escriba una definición breve de homilética.

2. Describa qué es el mensaje.

3. Explique qué es predicar.

Conoser las nesesidades dela iglecia

EL PAPEL DEL TEXTO

El propósito de esta lección es que el alumno comente sobre el papel del texto. Al terminar la lección, el alumno:

1. dará por lo menos cuatro razones por las que un texto bíblico es necesario para el mensaje.
2. indicará cinco consejos de cómo seleccionar un texto.
3. nombrará por lo menos siete métodos que se pueden usar para interpretar correctamente el texto.

INTRODUCCION

Al hablar de predicación bíblica, queremos decir que la Biblia es la base del mensaje. En este capítulo estudiaremos la necesidad de fijar una porción bíblica para cada mensaje, los métodos para la selección del texto y la forma correcta para interpretarlo.

1. La base del mensaje siempre es la *Biblia* .

2. Los diferentes aspectos del tema de esta lección son:

    a.

    b.

    c.

LA NECESIDAD DE UN TEXTO BIBLICO PARA CADA MENSAJE

El apóstol Pablo dice que la Escritura es *útil para enseñar, para redargüir, para corregir, para instruir en justicia* (2 Ti. 3:16). Si esto es la verdad, es muy importante escoger un pasaje bíblico, sea corto o largo, sobre el cual se base el mensaje que ha de satisfacer las necesidades espirituales del oyente.

A. EL TEXTO DA AUTORIDAD AL MENSAJE

El mensaje no consiste en palabras o teorías humanas, sino es la comunicación de la voluntad que procede del mismo corazón de Dios. El predicador del evangelio debe poder decir con el profeta Isaías: *Oíd, cielos, y escucha tú, tierra; porque habla Jehová* (Is. 1:2).

Cuando un individuo usa un texto bíblico para exponer un mensaje, está adquiriendo sobre sí un enorme peso de responsabilidad. Esto implica que va a exponer verdades bíblicas. Sabemos que hay predicadores que usan un texto bíblico solamente como un pretexto para decir lo que ellos quieren decir. Y después de haber dicho barbaridades, tal vez insultando al prójimo, dicen: "Si ustedes se enojan, enójense con la Biblia, porque es la Biblia la que dice eso". Esto es una absoluta falta de honestidad.

Cuando una persona, y especialmente un pastor de una iglesia, tiene que decir algo, que lo diga con franqueza; pero que no se esconda tras la Biblia. Esto, en lugar de darle autoridad, se la va quitando. Serán pocas las personas que respeten a este predicador. Cuando tenga un verdadero mensaje que realmente ha sacado de las Sagradas Escrituras, ya nadie lo va a tomar en serio.

3. Escoja el punto más correcto.

_____ a. El tener un texto para predicar da autoridad por el solo hecho de que se está predicando un pasaje de las Sagradas Escrituras. El predicador principiante no debe tener temor. Escoja un texto bíblico, y predique. Tenga la seguridad de que predica la voluntad de Dios.

_____ b. Para evitar los abusos de algunas personas que usan el texto bíblico como un pretexto, lo mejor es predicar sin usar un texto como base.

✓ c. El predicador que base su sermón en un texto bíblico adquiere autoridad porque predica la Palabra de Dios, siempre y cuando esté realmente empapado de las verdades bíblicas, y predique de acuerdo al espíritu total de la Biblia.

B. EL TEXTO OBLIGA AL PREDICADOR A MANTENERSE DENTRO DEL TEMA

Jamás debe usarse el texto como una base de lanzamiento, y luego abandonarlo durante todo el mensaje. Es decir, que no se debe escoger un texto únicamente por una costumbre o por cumplir con un requisito homilético. El tema del mensaje debe estar de acuerdo con el texto, procurando explicar el contenido del mismo. Todas las ideas deben girar alrededor de él, a fin de que el mensaje dé en el blanco, como una flecha directa y veloz.

4. Escoja el punto correcto.

_____ a. Es bueno leer un texto bíblico antes de dar el sermón, para conservar la costumbre cristiana, aunque el sermón no tenga nada que ver con el texto leído.

✓ b. Cuando se ha preparado adecuadamente un mensaje, el predicador puede mantenerse dentro del tema señalado por el texto bíblico escogido.

_____ c. Un buen predicador puede tener la libertad de apartarse del texto leído. Su calidad de buen predicador le da esta libertad.

C. EL TEXTO PROMUEVE EN LA CONGREGACION EL DESEO DE CONOCER Y AMAR LA BIBLIA

Los cristianos se desarrollan espiritualmente cuando sienten hambre de conocer más a fondo las inescrutables riquezas de la Palabra de Dios. No sólo usarán sus Biblias en el hogar, sino que también las llevarán a los cultos, al darse cuenta que el predicador hace uso de ella en los mensajes. Unicamente el predicador bíblico logrará que sus oyentes se unan con el salmista para decir: *¡Oh, cuánto amo yo tu ley! Todo el día es ella mi meditación* (Sal. 119:97).

Cuando el predicador se esfuerza realmente por profundizar en el contenido del pasaje bíblico leído, la congregación va tomándole sabor al estudio y a la meditación de la Biblia. Los mensajes superficiales, que no siempre tienen una verdadera identificación entre el mensaje y el pasaje leído, son los que crean congregaciones que no leen sus Biblias en sus casas, o cuando las leen, no es para meditar en las porciones leídas.

5. Un predicador que se esfuerza por profundizar en el contenido del texto leído antes del mensaje está creando una congregación que ama a y se interesa por *conocer mas a fondo la palabra de Dios*

D. EL TEXTO AYUDA A CAPTAR LA ATENCION DEL OYENTE

Un texto bien seleccionado y leído correctamente en forma atractiva capta la atención de los oyentes. No se puede predicar con efectividad sin la atención del auditorio. Hay preocupaciones que embargan la mente del oyente, y es indispensable arrancarla de estas cosas y proyectarla en el mensaje.

Es muy posible que cuando el predicador anuncie el texto, muchos se pregunten: ¿Qué nuevas enseñanzas nos impartirá de este pasaje? ¿Qué bendición recibiremos para nuestros problemas? Los creyentes, por lo general, están ansiosos de recibir algo especial. Cuando estas interrogantes inquietan la mente del oyente, es una demostración que el texto ha ayudado a captar su atención.

6. Con un texto bien escogido, es posible en la lectura bíblica captar la _atención_ del auditorio.

E. EL TEXTO DA CONFIANZA AL PREDICADOR

El temor es una característica muy común en los predicadores principiantes, pero al estar seguro que el mensaje está basado en la Palabra de Dios se adquiere confianza.

Porque no me avergüenzo del evangelio, porque es poder de Dios para salvación a todo aquel que cree; al judío primeramente, y también al griego (Ro. 1:16).

7. El predicador principiante puede predicar con confianza si su predicación está basada en un _texto_ de la _Biblia_.

8. Escriba las cinco razones por las cuales debemos tener un texto bíblico para cada mensaje.

a. _Autorida_

b. _dentro del tema_

c.

d.

e.

CONSEJOS PARA SELECCIONAR EL TEXTO

En la selección adecuada del texto se encuentra, en cierta forma, el éxito o el fracaso del mensaje. Para no fallar en esto, obsérvense las siguientes reglas.

A. BUSCAR LA DIRECCION DE DIOS

Se debe pasar suficiente tiempo en oración, pidiendo al Señor su dirección para escoger el texto adecuado sobre el cual ha de girar el mensaje. Un pastor, o cualquier líder de la iglesia, cuando es responsable de la buena marcha de la iglesia, siempre tiene mucho que hacer. La falta de tiempo y el mucho trabajo pueden ser un peligro que conduzca al individuo a lanzarse a la tarea de seleccionar el texto de su mensaje sin la dependencia del Señor.

Si el predicador depende de Dios en oración, se acercará a la Biblia con humildad. Lo hará no para tratar de imponer sus ideas, sino para esperar que Dios le hable por medio de ella.

Ha de ser el Espíritu Santo quien guíe la correcta selección del texto y el entendimiento adecuado de la Palabra. Es muy importante que el predicador sea honesto consigo mismo en este aspecto de su vida. Debe saber que es Dios quien le guía, tanto en la selección del texto como en su estudio y meditación bíblicos. Por lo tanto, el predicador debe saber despojarse de sus prejuicios y preconcepciones que tiene respeto a la interpretación de determinados pasajes de la Biblia.

9. El predicador que depende de Dios en oración: (Marque las respuestas correctas.)

___✓ a. se acercará a la Biblia con humildad.

___ b. impondrá sus propias ideas sobre la Biblia.

___✓ c. se despojará de sus prejuicios.

___✓ d. se esforzará por extraer de la Biblia lo que realmente dice.

Pedir la dirección divina para escoger el texto e interpretarlo incluye un fuerte sentido de responsabilidad y deseo de estudio e investigación. Mientras mejor sea la calidad del instrumento ofrecido a Dios, más valioso es en las manos de Dios. Mientras mejor preparado esté el predicador, más valioso instrumento tendrá Dios a su disposición.

El predicador deber estudiar su Biblia y meditar en ella con algunos libros al lado. Estos libros han de ser necesarios: un diccionario bíblico, un buen comentario de las Sagradas Escrituras y una concordancia. El diccionario y buen comentario son instrumentos indispensables para el predicador que desconoce los idiomas en que originalmente fue escrita la Biblia: el hebreo y el griego. Para la persona que conoce muy bien el hebreo y el griego, no es indispensable que cuente con estos libros, aunque siempre le ayudan.

10. Además de la Biblia ¿cuáles son otros tres libros que deben usarse?

    a.

    b.

    c.

De esta manera, depender de Dios y de lo que ha provisto es saber aprovecharse también de los libros auxiliares para el estudio de la Biblia, sabiendo que son meros instrumentos producidos por cristianos y para cristianos. Pero en la providencia de Dios estos hombres han podido producir este material valioso.

Una mente abierta a lo que Dios nos revela en la Biblia es lo que se necesita para que el pueblo de Dios crezca en número y en espiritualidad. De nada sirve orar a Dios y luego mantenernos firmes en nuestras viejas concepciones, cuando la Biblia nos descubre la verdad.

Tal vez las nuevas verdades echen por tierra nuestras antiguas (y a veces muy queridas) concepciones. Debemos estar siempre listos a que el Espíritu Santo modifique nuestra manera de pensar y de ver la vida y nuestra fe, a medida que crezcamos en la vida cristiana.

11. El predicador debe depender de Dios, y buscar su dirección en oración. Esto quiere decir que:

    ____ a. el estudio de comentarios bíblicos sale sobrando porque eso significa incredulidad en que Dios nos pueda iluminar con su Espíritu Santo.

    ____ b. el predicador del evangelio no debe leer ningún otro libro fuera de la Biblia. Cualquier otra cosa es de producción humana. El verdadero cristiano, y con mayor razón el predicador del evangelio, se ha apartado del mundo y, por consiguiente, de todas las producciones mundanas.

    __/__ c. el predicador no debe buscar que la Biblia apoye lo que él cree, sino que debe escudriñar la Biblia para saber qué es lo que debe creer. Esto incluye la consulta y el estudio de otros libros cristianos, como diccionarios bíblicos y comentarios. También debe de estar listo para predicar las verdades que Dios le revela al estudiar la Biblia en un espíritu de oración.

B. HACER USO DE TODA LA BIBLIA

Esto quiere decir que se debe predicar tanto del Antiguo Testamento como del Nuevo Testamento. Pablo escribió a Timoteo: *Toda la Escritura es inspirada por Dios, y útil* (2 Ti. 3:16).

Dios nos habla igualmente en ambos testamentos. Además, la congregación necesita tener un alimento variado y completo. Esto ayuda al crecimiento espiritual, engrandece el conocimiento bíblico y despierta el interés por la predicación.

En estos días especiales en que está viviendo el mundo, sería bueno preguntar cuántos sermones se están predicando en nuestros púlpitos cristianos basados en el libro de Oseas, o en el capítulo 2 de Santiago, o en cualquier otro pasaje bíblico que hable de la justicia social y de la dignidad humana. Un mensaje que no sea libertador para el hombre, no se puede decir que esté a tono con el espíritu total de la Biblia.

Todo predicador tiene sus partes preferidas de la Biblia, pero es necesario que presente un mensaje completo. Cuando nos hacemos parciales, estamos haciendo que nuestros mensajes sean incompletos.

Hay predicadores que prefieren el Nuevo Testamento al Antiguo, y tal vez de éste sólo una porción, ya sean los evangelios, las cartas paulinas o el Apocalipsis. Está bien que cada quien tenga sus propias preferencias, pero es bueno darnos cuenta que no toda la Biblia es el Apocalipsis, ni el Evangelio según San Lucas o las cartas de Pablo. El mensaje bíblico abarca tanto el Antiguo como el Nuevo Testamento, y éstos en su totalidad, y no tener preferencia por uno u otro. No es bueno hablar de la ley y olvidarse de la gracia. Tampoco es bueno hablar de una salvación gratuita que no se ocupa de la obediencia que debe haber en el redimido. Y así podemos seguir mencionando ejemplos.

12. Hacer uso de toda la Biblia significa que:

____ a. cada mensaje del predicador debe abarcar los conceptos que se encuentran desde el Génesis hasta el Apocalipsis, sin que falte ningún concepto.

_√_ b. los diferentes mensajes de un predicador deben ser variados, sin olvidar ninguna parte de la Biblia.

____ c. debe aprenderse de memoria un buen número de versículos de cada libro de la Biblia.

13. Lea Lucas 24:25-27 y diga por qué Jesús explicó sus padecimientos en base a Moisés y los profetas.

14. ¿Qué texto seleccionaría si usted quisiera predicar sobre temas poco predicados como:

a. la alabanza y la oración?

b. la justicia social?

(c.) la libertad cristiana?

C. ESCOGER EL TEXTO DE ACUERDO A LAS NECESIDADES DE LA CONGREGACION

Puesto que la predicación procura satisfacer las necesidades de la congregación, debe haber una unidad entre el texto y el contenido del mensaje. El texto también debe encausarse hacia el mismo fin.

Si en sus estudios cotidianos el predicador encuentra un buen mensaje en un texto, pero sin relación con las necesidades actuales de su congregación, es preferible que lo posponga para una fecha próxima. El mensajero de Dios debe ser como el pastor de ovejas. Cuando ellas tienen sed, les da agua; y cuando tienen hambre, les ofrece pastos.

15. La mejor manera de escoger un texto que concuerde con las necesidades de los oyentes sería:

____ a. pasar la mayor parte del tiempo en su cuarto de trabajo, a fin de orar mucho y leer bastante la Biblia.

____ b. pedir a algunos hermanos de la congregación que le notifiquen inmediatamente que vean a algún hermano cometiendo alguna falta moral, o de cualquier otra índole.

_√_ c. tener una personalidad y una actitud que permitan que los hermanos de la iglesia se acerquen en confianza al predicador para consultar sus problemas serios e íntimos, así como visitar sistemática los hogares de los hermanos.

D. TENER CUIDADO QUE SE SELECCIONEN TANTO TEXTOS FACILES COMO DIFICILES DE ENTENDER PARA LOS OYENTES

El predicador debe saber, hasta donde le sea posible, el recto significado del texto y la manera adecuada de aplicar sus enseñanzas a la vida de los oyentes. Un texto claro ayuda al predicador a preparar el mensaje, y a la congregación a entenderlo para poder aplicarlo a sus vidas diarias.

Sin embargo, no todo el tiempo debe predicarse únicamente de los textos fáciles. Es bueno, de vez en cuando, estudiar los difíciles, aunque esto requiera mucho cuidado y tiempo. Es necesario consultar algunos buenos comentarios. Sobre este tipo de textos no se debe predicar sino hasta saber exactamente el significado correcto, y estar ya en condiciones de exponerlos ante la congregación de manera que los pueda comprender. Es preferible no predicar sobre un texto oscuro, que dejar a la congregación confundida.

omelética
Er

16. Cuando se encuentra un texto difícil pero que podrá ser muy útil para la congregación:

___✓ a. debe estudiarlo bien hasta comprenderlo y estar en condiciones de presentarlo en un mensaje fácilmente comprensible para la congregación.

___ b. por lo difícil del texto, es mejor no tocarlo. Podrá confundir a la congregación.

___ c. es mejor invitar a una persona más capacitada que uno para que predique sobre este texto a la congregación.

E. USAR TAMBIEN LOS TEXTOS FAMILIARES O COMUNES

A veces hay la tendencia de pasar por alto textos como Juan 3:16, Lucas 15, el Salmo 23, Isaías 53 y otros semejantes por el solo hecho de que ya se ha predicado demasiado sobre ellos y los consideran como textos bastante conocidos por la congregación. Se cree que no hay posibilidad de sacar algo más profundo de ellos. Pero esto es un error. La Biblia es como el metal, que mientras más se frota, más brillo produce.

No debe olvidarse que los grandes predicadores han basado sus mensajes más famosos, y de mayores resultados, en estos textos. Son muy familiares por ser ricos en enseñanzas. Para predicar de ellos se necesita mayor preparación, a fin de hacerles relucir y revivir ante los oyentes. El fracaso reside en confiarse demasiado en el conocimiento de ellos. Esto puede traer como resultado un mensaje rutinario y aburrido.

17. Escoja el punto correcto.

___ a. Con los textos fáciles sucede lo contrario que con los difíciles. No necesita estudiarlos mucho, pues por ser muy conocidos, fácilmente se puede hacer un buen sermón sin mucho estudio.

___ b. Uno debe evitar predicar sobre textos familiares, porque puede vulgarizarse el predicador.

___✓ c. Es necesario predicar sobre los textos familiares, pero al igual que los textos oscuros, requieren mucho estudio a fin de sacar un buen mensaje y no aburrir a la congregación.

18. Escriba los cinco consejos estudiados sobre cómo seleccionar el texto.

a.

b.

c.

d.

e.

METODOS PARA LA CORRECTA INTERPRETACION DEL TEXTO

El Espíritu Santo es el intérprete por excelencia de la Biblia. No restándole importancia a este principio, es necesario considerar ciertos métodos de gran utilidad. El peligro puede ser doble: descartar los métodos convencionales en forma absoluta, o confiar demasiado en ellos, olvidando la necesidad de depender de la oración, y por medio de ella, del Espíritu Santo.

19. Los dos peligros en considerar los métodos para interpretar el texto son:

a.

b.

A. HACER USO DEL CONTEXTO

El contexto es todo el material que antecede y sigue al texto. Cuando es considerado ampliamente, proporciona una mejor interpretación del texto. Tomando como ejemplo el capítulo siete de Romanos, es difícil llegar a una correcta interpretación del mismo sin consultar los primeros seis capítulos y leer el capítulo ocho también. Por lo general, un texto es parte de todo el argumento general del libro. Por eso, bien se ha dicho: "Un texto sin su contexto es un pretexto".

20. El contexto quiere decir:

____ a. otro texto bíblico similar o parecido a un texto determinado de la Biblia.

____ b. una porción de la Biblia más grande que el texto que estudiamos, y que forma en sí una unidad, algunas veces como parte de un argumento.

____ c. la explicación que podemos encontrar del texto en algún comentario bíblico.

21. ¿Cuál es el contexto de:

a. Salmo 119:105?

b. Lucas 13:24?

B. ESTUDIAR EL FONDO HISTORICO

Esto se refiere al lugar, la fecha, las circunstancias políticas, sociales y culturales de cuando se escribió el libro o pasaje particular de la Biblia. También se debe averiguar la vida del autor, las circunstancias de los individuos a quienes se dirige el escritor, y el propósito central del escritor.

Tomando como ejemplo el Evangelio según San Lucas, cuando un predicador quiera predicar de algún pasaje de este Evangelio, será bueno que antes de hacerlo conteste las siguientes preguntas: ¿quién era el autor del Evangelio?, ¿dónde se encontraban el autor y el destinatario?, ¿en qué circunstancias se encontraban?, ¿cuál es el propósito central? El material para dar respuestas a estas preguntas puede encontrarse en parte en el mismo Evangelio, en otros libros de la Biblia, o en un diccionario y comentarios bíblicos. Cuando se examinan todas estas cosas antes de preparar el sermón en sí, la predicación es más rica.

22. Busque en un diccionario bíblico, y si es posible, también en un comentario bíblico, las circunstancias históricas de cuando se escribió el Evangelio de San Lucas, tanto del autor como del destinatario, y anote en el espacio a continuación. los datos que a usted le parecen más importantes

C. CONOCER EL SIGNIFICADO
DE LAS PALABRAS MAS IMPORTANTES DEL TEXTO

Un diccionario bíblico y uno de la lengua española le prestarán una gran ayuda, el primero para saber el significado de las palabras que tienen un uso especial según la Biblia, el segundo en relación a las palabras castellanas de difícil comprensión.

Además, es importante recordar que una misma palabra puede tener diferente significado en la Biblia, de acuerdo al lugar donde se encuentre. Esto es muy común con un gran número de palabras. Para esto le será de gran utilidad a usted como predicador tener un buen comentario bíblico en su biblioteca particular.

23. Cuando encontramos palabras difíciles en la Biblia que no conocemos exactamente lo que quieren decir:

    ____ a. debemos ponernos en oración hasta que se nos esclarezca la mente, y súbitamente podamos comprender su significado.

    ____ b. es bueno anotarlas en un cuaderno especial para ello, y consultar con una persona preparada cuando la veamos.

    ____ c. debemos utilizar un diccionario bíblico o uno de la lengua castellana.

24. Lea Lucas 15:1-7. Luego busque en un diccionario bíblico las palabras que aparecen a continuación, y anote con sus propias palabras el significado de cada una de ellas.

    a. Publicanos.

    b. Fariseos.

    c. Parábolas.

    d. Pecador.

    e. Justo.

    f. Arrepentimiento.

    g. Oveja.

    h. Gozo.

    Después de esto, vuelva a leer el pasaje de Lucas 15:1-7, y vea como se ha enriquecido el pasaje.

D. DETERMINAR SI EL LENGUAJE ES LITERAL O FIGURADO

Es necesario examinar si las palabras en el texto quieren decir literalmente lo que expresan, o tienen otro sentido. Esto es importante, pues corremos el peligro de interpretar erróneamente un texto, lo que tendría consecuencias desastrosas.

25. Lea los dos pasajes, y escriba el significado que usted cree que deben tener los dos textos citados.

    a. Lea Salmo 119:105-112. Texto: Salmo 119:105. *Lámpara es a mis pies tu palabra, Y lumbrera a mi camino.*

    b. Lea Lucas 13:22-30. Texto: Lucas 13:24. *Esforzaos a entrar por la puerta angosta.*

E. HACER USO DE LOS PASAJES PARALELOS

Un pasaje paralelo es aquel que aparece en dos o más partes, aunque no necesariamente con los mismos detalles ni en las mismas palabras. La versión Reina Valera revisada en 1960 proporciona gran ayuda al respecto. Por ejemplo, si usted tiene la revisión de 1960 de la Biblia, busque 2 Reyes 18, la narración del reinado del rey Ezequías. Se dará cuenta que entre paréntesis está la cita de otro pasaje paralelo donde también se narra el reinado de Ezequías.

26. Usando una Biblia Reina Valera revisada en 1960, anote después de cada cita el pasaje o los pasajes paralelos.

    a. Jueces 1:11-15.

    b. Números 21:21-30.

    c. 1 Crónicas 21:1-27.

    d. Marcos 16:1-11.

27. Compare Lucas 11:13 con Mateo 7:11. ¿En qué son iguales y en qué son diferentes?

F. CONOCER LAS COSTUMBRES DE LOS PUEBLOS A LOS CUALES SE DIRIGE EL AUTOR

Dentro de las costumbres se encuentran el sistema de vivienda, cultivo y métodos de cosecha, sistemas de guerra, clases de vestidos, alimentación, gobierno, sistemas religiosos y otras cosas de menor importancia. También sería bueno averiguar sus sistemas de valores morales. Por ejemplo, para entender el Salmo 119:105 sería bueno saber algo de los tipos de lámparas y cómo se usaron en aquel entonces.

28. ¿Qué costumbres debe conocer para interpretar Lucas 13:24?

G. INTERPRETARLO EN ARMONIA CON TODA LA ENSEÑANZA BIBLICA

Si al estudiar un texto se observa una aparente contradicción con algún otro aspecto básico de la Biblia, entonces es necesario hacer un profundo y cuidadoso examen de todos los demás textos que tratan del mismo tema, a fin de llegar a una correcta conclusión. La Biblia no contiene contradicciones doctrinales. Estas existen en nuestra incapacidad mental y espiritual.

Al llegar a un texto de esta clase, antes de dar una interpretación superficial y peligrosa, se deben considerar los siguientes aspectos: ¿qué quiso decir el autor en este texto?, ¿por qué dijo esto?, ¿en qué circunstancias lo dijo?, ¿qué relación tienen estas palabras con el resto del libro o con otros libros? Un estudio con estas consideraciones ayuda a aclarar en la mente del predicador las posibles confusiones.

29. ¿Qué debe hacer el predicador al llegar a un texto que presenta una aparente contradicción con algún otro aspecto básico de la Biblia?

H. APLICAR LOS PRINCIPIOS BASICOS QUE TUVIERON VALOR EN EL PASADO

Si Dios tuvo algo importante que decir hace dos mil o más años al hombre de esa época, de seguro que también lo tiene hoy. Dios habló, está hablando y hablará por medio de su Palabra. Sus enseñanzas no envejecen. Las necesidades del hombre actual son tan similares y urgentes como las del pasado. Es imposible aplicar literalmente todos los asuntos sociales y políticos, pero sí las grandes verdades espirituales y morales.

Los principios que operaron en los asuntos sociales y políticos son principios humanos válidos para todas las épocas humanas. Si la aplicación de tales principios estuvo de acuerdo a las circunstancias de aquel entonces, le toca al estudioso de las Sagradas Escrituras buscar los principios operantes, y buscar con la ayuda de Dios la aplicación de esos mismos principios a las circunstancias por las que atravesamos hoy día. De seguro el Señor también satisfará hoy día las inquietudes del hombre moderno, como lo hizo en el pasado.

30. Estudie detenidamente Santiago 5:1-6 en su Biblia y anote a continuación los principios básicos que motivan la necesidad de un mensaje concreto a una situación social injusta.

31. Cree usted que esos principios pueden aplicarse a situaciones concretas hoy día. _____ ¿Por qué cree usted eso?

I. INVESTIGAR LAS INTERPRETACIONES DE OTROS ESTUDIANTES DE LA BIBLIA

Sólo después de haber orado intensamente y estudiado la Palabra, de acuerdo a los principios de interpretación ya expuestos, se deben consultar las interpretaciones de los comentarios. Es muy posible que después de haber hecho un estudio serio, se encuentren muy pocas cosas nuevas en tales libros. Hacerlo así ayudará a no depender demasiado de los comentarios bíblicos.

Pero hay que consultarlos siempre que se pueda, porque esas interpretaciones están hechas por hombres de Dios de gran capacidad y a base de estudios muy técnicos y cuidadosos. Son hombres que forman parte de la iglesia de Jesucristo. Confiamos en que han sido puestos en las manos de Dios para hacer un trabajo tan delicado como ése.

32. ¿Cuándo deben consultarse las interpretaciones de los comentarios?
    ___ a. Al iniciar su estudio del texto.
    ___ b. Al averiguar el contexto.
    ___ c. Después de haber estudiado cuidadosamente en oración el texto.

33. Estudie el versículo citado a continuación, y luego escriba en las líneas que siguen cómo entiende usted el texto y qué aplicación práctica a la doctrina cristiana tiene. Es probable que tenga que consultar con algún diccionario bíblico las palabras que crea necesarias a fin de interpretar correctamente el texto. Tales palabras claves serán: **Palabra de Dios, camino, lámpara,** etc.

Salmo 119:105: *Lámpara es a mis pies tu palabra, Y lumbrera a mi camino.*

34. Escriba los nueve métodos estudiados en esta lección que se debe usar para la correcta interpretación del texto.

   a.

   b.

   c.

   d.

   e.

   f.

   g.

   h.

   i.

AUTOEVALUACION

1. Dé por lo menos cuatro razones por las que un texto bíblico es necesario para el mensaje.

   a.

   b.

   c.

   d.

   e. (opcional)

2. Indique cinco consejos en cuanto a cómo seleccionar un texto.

   a.

   b.

   c.

   d.

   e.

3. Nombre por lo menos siete métodos que se deben usar para interpretar correctamente el texto.

   a.

   b.

   c.

   d.

   e.

   f.

   g.

   h. (opcional)

   i. (opcional)

LECCION 3
EL ARREGLO
DE UN PROPOSITO DEFINIDO

El propósito de esta lección es que el alumno comprenda por qué debemos tener un propósito definido para un mensaje, basado en las necesidades del oyente. Al terminar la lección, el alumno:

1. enumerará las cuatro razones por las que debe tener un propósito definido.
2. nombrará las seis necesidades distintas de los oyentes.

LAS RAZONES POR QUE DEBE TENER UN PROPOSITO DEFINIDO

A. AYUDA EN LA PREPARACION TOTAL DEL MENSAJE

La determinación de un propósito específico en la predicación es uno de los principios de mayor importancia. El predicador que de antemano fija su propósito es como un marinero que guía su nave sin desvíos hacia el puerto deseado.

La mayoría de los grandes predicadores están de acuerdo en que el propósito ha de ocupar el primer lugar en la preparación del mensaje. Aun antes de fijar el tema y arreglar las demás partes del mensaje, el predicador debe preguntarse: ¿Qué me propongo alcanzar con este mensaje? ¿Qué espero que aprendan los oyentes? O en otras palabras: ¿Cuál es mi propósito?

1. El primer aspecto en que debe pensar un predicador al preparar su sermón es definir el _propósito_ .

2. No hay necesidad de hablar sin saber con certeza qué clase de material ha de seleccionarse cuando se tiene un propósito _definido_ .

Al contestar correctamente la pregunta número dos, ya hemos adelantado una razón para tener un propósito definido. Es una ayuda en la preparación total del mensaje. Por lo regular debemos escoger primero el texto. Antes de seguir adelante tendremos que fijar el propósito del sermón.

A veces se define primero el propósito. En el caso de tener primero un propósito definido, se tendrá una gran ayuda para seleccionar el texto. Como ya hemos adelantado, nos será fácil buscar el material y seleccionarlo en torno al propósito elegido. Con el propósito siempre en mente, será más fácil arreglar todo en orden y determinar las partes importantes del sermón. Además, la conclusión del mismo será más eficaz.

En cuanto a la presentación, evitará que el predicador se extienda demasiado procurando explicar superficialmente toda la Biblia, o buscando solucionar en un solo mensaje todos los problemas de los oyentes. Por lo tanto, debe recordar que es mejor clavar bien una sola puntilla que dejar varias en la superficie.

3. Escoja el enunciado correcto.

____ a. Un buen predicador es el que se para en el púlpito, abre la Biblia donde el Espíritu Santo le indica, y comienza a predicar con inspiración.

____ b. Cuando un predicador fija con tiempo el propósito de su mensaje, es porque no sabe depender de Dios y confía más en sí mismo.

__✓__ c. Cuando el predicador fija el propósito de su mensaje, puede concretarse a presentar bien un solo tema y así su mensaje será más eficaz.

B. SIRVE DE GUIA EN LA ORACION

En segundo lugar, un propósito definido sirve de guía en la búsqueda de la dirección divina. Es mejor orar a Dios por el sermón del próximo domingo cuando se tiene en mente un propósito bien definido.

El predicador estará así mejor dispuesto para recibir la orientación de Dios. De esta manera, tanto la oración como la preparación del sermón estarán orientadas hacia las necesidades más urgentes de la congregación. La oración puede ser: "Dirígeme, oh Dios, para que este mensaje llene el vacío espiritual de tu pueblo."

Al interceder ante Dios por la congregación, busque que el mensaje se convierta en el bálsamo divino que sane las heridas de su pueblo.

4. Cuando se tiene un propósito definido:

__✓__ a. la oración para pedir la dirección divina es más concreta y el predicador puede estar más dispuesto para que Dios le guíe.

____ b. entonces es innecesario buscar a Dios, pues uno ya ha tomado decisiones personales.

____ c. uno se siente más seguro de lograr sus propios propósitos para la congregación, y así llegar a ser un pastor con éxito.

C. PRODUCE MEJORES RESULTADOS

En tercer lugar, tener un propósito definido produce mejores resultados. El propósito tiene como fin relacionar el mensaje con las necesidades del oyente. Un ejército jamás huiría si supiera que su enemigo no puede dar en el blanco. De la misma forma, los oyentes permanecerán inmóviles si se dan cuenta de que las palabras del predicador pasan por encima de sus cabezas sin tocar sus necesidades. El gran éxito de la predicación de los profetas y apóstoles fue el resultado de haber tenido un propósito determinado. Los hombres se verán obligados a tomar una decisión, ya sea negativa o positiva.

5. El tener un propósito definido produce los mejores resultados porque:

____ a. el predicador hábil se cuidará de evitar tocar los problemas serios que afectan a alguna persona de la congregación.

__✓__ b. el sermón estará dirigido a necesidades concretas de la congregación, y así les animará a tomar una decisión.

____ c. se procurará exaltar las cualidades de los hermanos que dan las mejores ofrendas, y así se conserva una muy buena cantidad en la tesorería.

D. RESULTA QUE EL MENSAJE SATISFAGA LAS NECESIDADES

En cuarto lugar, el mensaje satisfará las necesidades de la congregación. De hecho, ya hemos estado tocando este aspecto al tratar los otros tres aspectos. Es que la razón de ser del cristianismo es la de presentar a un Dios de amor, un Dios listo a suplir las verdaderas necesidades de los hombres.

Dios tiene en su Palabra la respuesta para todas las necesidades del hombre. Básicamente, el hombre siempre ha tenido los mismos problemas. Siempre ha afrontado las mismas necesidades.

El hombre actual no difiere en mucho del hombre del pasado. Tal como Dios satisfizo sus necesidades en el pasado, puede también hacerlo hoy. La sociedad presente está sedienta, como Israel en el desierto. Necesita aguas en abundancia que satisfagan su sed espiritual. El púlpito cristiano debe ser el medio por el cual manen torrentes de agua que salten para la vida eterna.

6. Enumere algunas necesidades que a usted le parecen que son importantes, y que están presentes en la congregación a la cual usted asiste.

7. Enumere las cuatro razones estudiadas por las que debe tener un propósito definido.

a.

b.

c.

d.

EL PROPOSITO SE BASA EN LAS DIFERENTES NECESIDADES DE LOS OYENTES

A las iglesias acuden diferentes clases de personas. Cada una de ellas trae una carga diferente. En general, hay dos clases de personas en los cultos. Algunas son inconversas y otras cristianas. Pero para todas ellas Cristo dice en su Palabra: *Venid a mí todos los que estáis trabajados y cargados, y yo os haré descansar* (Mt. 11:28). El mensaje bíblico es capaz de dar una respuesta eficaz a las inquietudes humanas.

8. ¿Cuáles son los dos tipos principales de gentes que asisten a los cultos? Son los _Inconversos_ y los _Cristianos_ .

A. LA NECESIDAD DE SALVACION

El propósito en este caso es evangelístico, o sea, con el fin de presentar las buenas nuevas de salvación a los inconversos. El gran crecimiento de la población frente a la minoría de cristianos verdaderos demuestra la urgencia de esta clase de mensaje. El tiempo es corto, el pecado dominante y el juicio se acerca.

Esta clase de mensaje tiene el propósito de indicar qué dice la Biblia sobre la condición del hombre sin Cristo. Pero a la vez demuestra el plan redentor provisto por Dios en Cristo y los medios por los cuales el hombre puede alcanzar los beneficios de esta obra salvadora.

9. En el caso de los inconversos, el propósito principal del mensaje es:

____ a. demostrar que los católicos están completamente perdidos.

____ b. mostrar cuán equivocadas están todas las demás iglesias. Sólo la nuestra es buena.

__✓__ c. mostrar la imagen real del hombre sin Cristo, y presentar el amor redentor de Dios y el camino establecido por El para la redención humana.

____ d. hablar de las desgracias que le vienen al hombre sin Cristo, y de los terribles sufrimientos que le esperan en el infierno al que no acepte nuestro mensaje.

B. LA NECESIDAD DE LA EDIFICACION DE LOS CREYENTES

El propósito en este caso es que los cristianos profundicen en la vida cristiana. Los mensajes que se preocupan por resolver esta necesidad se presentan para que los cristianos profundicen en las doctrinas bíblicas, y para enseñarles cómo llevarlas a la práctica en la vida diaria. De nada serviría conocer mucha doctrina, si ésta no cambia el comportamiento diario.

La predicación doctrinal enriquece la vida espiritual y capacita al creyente para enfrentarse con mayor madurez a sus problemas. También se evita que sean arrastrados por todo viento de doctrina. Estarán más conscientes de sus responsabilidades. Sabrán lo que creen y por qué lo creen.

10. El propósito de los mensajes que edifican es que los creyentes sean capaces de establecer la relación entre la doctrina y la _pratica en la vida diaria_

    Algunas de las doctrinas sobre las cuales pudiera predicarse serían el pecado, la providencia divina, la doctrina de Dios, la doctrina del Espíritu Santo, etc. Estos mensajes han de tener su base bíblica.

11. No podemos decir que estamos predicando doctrina cristiana sin una _base Biblica_.

12. ¿Qué opina? ¿Por qué es menester tener una base bíblica para un mensaje doctrinal?

Al presentar a la congregación estas grandes verdades de la fe, se deben tomar en cuenta tres principios.

1. Debe abarcar en cada mensaje sólo una parte de determinada doctrina.

    Esto tiene varias ventajas. Puesto que de una determinada doctrina pueden presentarse varios mensajes, ya tenemos material para algún período del año. Puesto que se presentan varios mensajes referentes a una misma doctrina, ésta se grabará mejor en la mente de los oyentes. Si los primeros mensajes están bien presentados, se despertará el interés en los demás mensajes sobre la misma doctrina.

13. La primera regla para presentar sermones doctrinales es que _Solo Abarca una parte de Tal dotrina_.

2. Debe presentarse en forma sencilla.

    Es necesario adaptarse a la capacidad de los oyentes, suprimiendo todo término que carezca de valor para ellos, o que sea una palabra que jamás han escuchado en su vida. Es una tentación muy grande para una persona que ha estudiado teología querer utilizar los términos que ha aprendido.

    La terminología usada en los textos de teología es muy útil para las personas que la estudian, pero un predicador se preocupará de no usar términos técnicos, y más bien presentará estas doctrinas en forma comprensible para todos los que le escuchan. El predicador deberá traducir al pueblo de Dios lo que él estudia en sus libros de teología. Al utilizar, por ejemplo, los términos justificación, reconciliación, santificación, o cualquier otro, se deben hacer comparaciones que expliquen sus respectivos significados.

14. En cuanto a los términos teológicos:
    ____ a. el predicador debe usarlos libremente cuando predica a creyentes. El creyente debe acostumbrarse a buscar en el diccionario las palabras que no entiende.
    ____ b. deben explicárselos a los creyentes durante las clases de preparación para el bautismo, a fin de que el predicador los utilice libremente en sus sermones.
    _✓_ c. deben evitarse en la predicación, o explicar el significado de los que usa.

3. Debe presentarlos en forma positiva.

    El predicador no ha sido llamado para enseñar lo que no cree el cristianismo, sino lo que sí cree. La enseñanza negativa, por lo general, produce resultados negativos. Nos preocupa más que los creyentes sepan lo que la Biblia enseña, que el hecho de que conozcan las prácticas y doctrinas de otras religiones, o aun de sectas falsas.

    Cuando se predica en forma clara, profunda y positiva el mensaje doctrinal, los creyentes pueden enfrentarse sin temor a los movimientos heréticos que se levantan para destruir la fe evangélica. De vez en cuando se deben hacer estudios sobre las sectas falsas, pero enfrentándolas a las verdades bíblicas.

15. Presentar un mensaje doctrinal en forma positiva quiere decir:
    ____ a. destruir positivamente las doctrinas que predican los pastores en las iglesias cercanas, y que podrían quitarnos a los miembros de nuestras iglesias.
    ✓ b. hablar de lo que sí es el pensamiento cristiano de lo que la Biblia enseña.
    ____ c. predicar sobre los aspectos buenos que tienen las sectas falsas, o algunas religiones no cristianas.

16. Enumere tres principios para la preparación de mensajes doctrinales.

    a.

    b.

    c.

17. Note cómo presentan la doctrina del Espíritu Santo las siguientes citas. Después de estudiarlas cuidadosamente, explique cuáles enseñanzas presentan sobre esta doctrina en el espacio a continuación de cada cita. Escoja solamente dos citas, y trabaje con ellas.

    a. Mateo 3:13-17.

    b. Juan 16:7-15.

    c. Hechos 1:1-13.

    d. Romanos 8:2.

C. LA NECESIDAD DE UNA MAYOR CONSAGRACION

El propósito en este caso es llamarles a los creyentes a un mayor desarrollo espiritual. Esta necesidad es bastante urgente dentro de la iglesia. Una mayor consagración de cada creyente llevaría a la iglesia a un mayor desarrollo espiritual y numérico. Los cristianos deben darse cuenta de la necesidad urgente de entregar al Señor todos sus talentos, su tiempo y sus posesiones, a fin de que Dios los use para bien de su reino. Cuando haya una perfecta mayordomía de la vida, Dios vaciará sus bendiciones hasta que sobreabunden (Mal. 3:10).

18. El crecimiento en número de una congregación depende de:
    ✓ a. una mayor consagración de todos los miembros de la iglesia.
    ____ b. programas atractivos en la iglesia.
    ____ c. el esfuerzo evangelístico del pastor.

La Biblia trata ampliamente este tema. Acerca de esto, Jesucristo presentó la parábola de las minas y la de los talentos. Pablo en sus cartas amonesta a los cristianos a usar, conforme a la gracia de Dios, los dones que cada cual ha recibido. La razón de una continua consagración de acuerdo con lo que la Biblia enseña es que el cristiano no se pertenece a sí mismo, sino es propiedad del Señor quien lo ha comprado con su sangre. Por esto debe amarle y servirle con toda su alma, mente, corazón y cuerpo.

En la consagración se encierra todo lo que tiene que ver con la mayordomía del cristiano. El aspecto de la mayordomía tiene que ver con la forma en que el cristiano administra todo lo que tiene: cómo administra su hogar, su tiempo, su dinero, y qué tan responsable es en sus negocios y en sus relaciones para con sus semejantes. También tiene que ver con el tiempo que dedicamos al servicio de Dios en su iglesia, los servicios que prestamos en ella de acuerdo a los dones que el mismo Señor nos ha dado y nuestro aporte económico para el sostén de la obra.

Dios pide la cooperación de todos sus hijos para el engrandecimiento de su reino. Además, cualquier trabajo, por insignificante que sea, es importante. A Dios no le preocupa tanto la clase de trabajo, sino la actitud con que se realiza.

19. La buena mayordomía cristiana es:
____ a. una doctrina inventada por los pastores flojos para que les ayude la congregación en los trabajos para los cuales la iglesia contrató al pastor.
____ b. algo que nada tiene que ver con si uno está o no consagrado.
____ c. una doctrina inventada por los hombres de las iglesias que tienen pastores a los que se les paga un salario, para que los creyentes los sostengan.
✓ d. una manifestación de una vida que crece en su consagración.

D. LA NECESIDAD DE UNA ETICA CRISTIANA

Es evidente que el cristiano necesita saber qué enseña la Biblia sobre la conducta y las relaciones con el prójimo. Los principios morales que la Biblia contiene están basados en una vida ya transformada por el Espíritu Santo.

La salvación no depende de ninguna manera en guardar altos principios morales. Sin embargo, se espera que la persona convertida pueda vivir una vida de santidad. *Sed, pues, vosotros perfectos, como vuestro Padre que está en los cielos es perfecto* (Mt. 5:48). *Sed, pues, imitadores de Dios como hijos amados* (Ef. 5:1). *Sed santos, porque yo soy santo* (1 P. 1:16).

Estos versículos son imperativos, para que el cristiano busque una vida superior a la de los inconversos.

20. Una vida de conducta moral elevada es:
____ a. necesaria para ser salvo.
✓ b. la manifestación inequívoca de una vida convertida.
____ c. exigencia solamente para los pastores.

Algunos de los asuntos sobre los cuales podría predicarse serían: el hogar cristiano, las diversiones del cristiano, el alcoholismo, los deberes del cristiano como ciudadano, la honradez, etc.

Hay algunos asuntos muy discutidos, sobre los cuales la Biblia no tiene una respuesta específica. Sin embargo, es necesario que los creyentes tomen decisiones responsables al respeto. Sería una magnífica ayuda si la predicación pudiera aportar principios doctrinales bíblicos sobre los cuales puedan basarse los creyentes para construir unas normas adecuadas y conformes con el espíritu del cristianismo. Algunos de estos aspectos son: la lotería, el alcohol, el cine, el baile, las modas, y otros más de menor importancia. Algunos de estos se convierten en problemas morales puesto que ciertos grupos evangélicos los ponen definitivamente como opuestos al evangelio y exigen en alguna manera determinadas normas de sus creyentes.

Por ejemplo, los líderes de una congregación dicen que las mujeres o los jóvenes tienen la libertad de vestirse de acuerdo con la moda, si es que ellos quieren, que la iglesia no debe prohibirles nada. Sin embargo, hay una fuerte presión en contra de las personas que se atreven a vestirse de acuerdo a sus gustos, y a la moda.

21. En lo que respecta a la lotería, el cine, el baile, las modas, y otros aspectos sobre los cuales la Biblia no tiene una respuesta específica:
____ a. puesto que tienen sus peligros, hay que predicar siempre en contra de ellos. Podría haber hermanos débiles que se perdieran.
✓ b. en lugar de emitir un juicio terminante, se deben predicar los principios bíblicos adecuados, a fin de que cada creyente pueda tomar una decisión responsable a tono con los principios del evangelio.
____ c. puesto que la Biblia no dice nada, se pueden pasar por alto, sin preocuparse en absoluto por ellos.

La predicación debe encausar normas generales bíblicas, y dejar que cada creyente sea responsable de su propia decisión. Tomando el ejemplo del cine, no se puede condenar de una vez por todas. Hay muchas películas cristianas que son de gran bendición, aun para el aspecto de la evangelización. El problema reside en las malas películas que destruyen los valores morales del hombre. Una gran mayoría de películas exaltan la venganza, la infidelidad, el robo, y toda clase de inmoralidad.

22. En cuanto a los asuntos sobre los cuales la Biblia no tiene una respuesta específica, el predicador debe:

_____ a. denunciar el cine, el baile, las modas, etc.

_✓_ b. dar normas generales bíblicas para que el creyente pueda tomar su propia decisión.

_____ c. dejar toda la decisión al creyente sin decir nada.

Puesto que no se puede generalizar, es bueno que una predicación de un ministro responsable ofrezca a su congregación los elementos de juicio necesarios, a fin de que cada uno de los creyentes tome decisiones responsables. El verdadero cristiano ha de saber escoger lo bueno, y desechar todo lo que es un estorbo para una relación más perfecta y armoniosa para con su prójimo y para con Cristo. El consejo de Pablo es: *Todo me es lícito, pero no todo conviene* (1 Co. 10:23).

23. La predicación ¿cómo puede ayudar a los creyentes a construir normas adecuadas y bíblicas para que pueden tomar decisiones responsables sobre los asuntos morales?

E. LA NECESIDAD EN MOMENTOS DIFICILES

Al cristiano militante, a menudo le rodean desánimo, dudas, sufrimientos, tentaciones, temores. Mucho de esto es resultado de fracasos económicos, persecuciones, enfermedades y desaparición de seres amados. La Biblia contiene abundantes tónicos consoladores, de los cuales puede valerse el predicador para impartir ánimo a los creyentes.

El cristiano necesita comprender claramente que por encima de sus debilidades está el poder de Dios, en el cual puede apoyarse. Aunque todo termine o fracase, Dios todavía permanece. Como sostuvo a sus hijos en el pasado, también lo hará en el presente, pues sus promesas son fieles y eternas. El cristiano no está solo. Con él va el Señor, aun en el valle de oscuridad tan densa como la muerte misma. Cristo también hoy nos consuela con estas palabras: *En el mundo tendréis aflicción; pero confiad, yo he vencido al mundo* (Jn. 16:33). *Yo estoy con vosotros todos los días, hasta el fin del mundo* (Mt. 28:20).

24. Busque en su Biblia por lo menos cinco pasajes que pudieran servir de base para sermones especiales en momentos difíciles y anótelos en el espacio siguiente. Serán para compartir en clase.

	CITA	PROPOSITO
A		
B		
C		
D		
E		
F		
G		

F. LAS NECESIDADES EN OCASIONES ESPECIALES

Las ocasiones muy especiales son las que llevan al pueblo a contemplar los eventos claves en la historia de los hechos maravillosos de la salvación, a saber, la encarnación de nuestro Señor, el día de su crucifixión y de su resurrección, el día de su ascensión y el pentecostés. En estos días el predicador tendrá la amplia oportunidad de profundizar en la fe del pueblo y la de seleccionar los textos apropiados al respecto.

25. Busque en su Biblia pasajes que se relacionen con cada uno de los siguientes eventos.

    a. La navidad.

    b. La ascensión.

    c. El pentecostés.

Otras ocasiones especiales son las de la administración de la Santa Cena y el bautismo, el matrimonio de dos hermanos, el funeral de un hermano, el Año Nuevo, etc. Como predicador tenga cuidado de pensar bien en el propósito del mensaje en tales ocasiones.

26. Busque en su Biblia pasajes que se relacionen con cada uno de los siguientes eventos.

    a. La Santa Cena.

    b. El matrimonio.

    c. El bautismo.

27. Sin leer de nuevo la lección, procure recordar y escribir enseguida las cuatro razones que hemos estudiado por las cuales es conveniente fijar un propósito específico para cada mensaje. Después de contestar, compare sus respuestas revisando la lección.

    a.

    b.

    c.

    d.

28. Procure recordar y escribir enseguida las seis diferentes necesidades de los oyentes en las cuales se puede basar el propósito del mensaje. Después de contestar, compare sus respuestas revisando la lección.

    a.

    b.

    c.

    d.

    e.

    f.

AUTOEVALUACION

1. Enumere las cuatro razones por las que debemos tener un propósito definido.

   a.

   b.

   c.

   d.

2. Nombre las seis necesidades distintas de los oyentes.

   a.

   b.

   c.

   d.

   e.

   f.

LECCION 4
LA PREPARACION DEL TEMA
PARA EL MENSAJE

> El propósito de esta lección es que el alumno se enfoque en la preparación del tema de un mensaje. Al terminar la lección, el alumno:
>
> 1. enumerará los tres principios para seleccionar el tema.
> 2. describirá las dos fuentes para el tema.
> 3. describirá varios materiales que se puede usar para la preparación del tema, mencionando las fuentes y las clases de materiales.

PRINCIPIOS PARA LA SELECCION DEL TEMA

El tema es la idea central del mensaje. Es necesario fijar un tema que cautive la atención de los oyentes, y a la vez que exprese, en pocas palabras, el contenido del mensaje. Es recomendable expresar el tema en un enunciado de cuatro a diez palabras, enunciado que contenga un verbo.

1. Escoja el enunciado correcto.
    ___ a. El tema es un enunciado muy atractivo por medio del cual el predicador demuestra sus capacidades.
    _✓_ b. El tema es un enunciado corto que resume la idea central del mensaje.
    ___ c. El tema es todo un párrafo de una media hoja que explica las principales ideas del mensaje.

A. CONOCERLO CLARA Y PROFUNDAMENTE

El tema demanda meditación y estudio, hasta que madura en la mente del predicador. Hablar de un tema del que conocemos poco es un camino hacia el fracaso para el predicador y para los que escuchan. Para el primero traerá frustración, y para los segundos confusión. Por lo tanto, hay que dominar completamente el tema, y a la vez posesionarse de él en tal forma que el mensaje involucre toda la mente y corazón del predicador.

Cuando no se domina bien un tema, es mejor no predicar sobre él. Si es un tema muy importante y es necesario predicar sobre él, lo que hay que hacer es estudiarlo hasta conocerlo bien.

2. Predicar sobre un tema del cual conocemos poco, puede causar _frustación_ al predicador y para los oyentes _confusió_ .

3. Cuando es necesario predicar sobre un tema que no se conoce bien, ¿qué debe hacer el predicador?

B. ADAPTARLO A LAS CAPACIDADES DE LOS OYENTES

Hay que tener mucho cuidado con algún tema que sea completamente nuevo y desconocido para la congregación. De lo contrario sería como disparar por encima del blanco. El resultado obtenido sería muy pobre. Los oyentes prestan mayor atención y sacan más provecho cuando entienden y aplican las verdades del mensaje a sus necesidades.

Siempre que el predicador desee presentar un tema nuevo debe hacerlo en forma y con un lenguaje sencillos, utilizando comparaciones que sean conocidas por los oyentes. A la vez, hay que mostrar la importancia del tema y la aplicación en sus vidas. Cuando se afirma que se ha de presentar en forma y con un lenguaje sencillos, de ninguna manera se está queriendo decir que se presente en forma superficial o simplista. Deberá conservar la profundidad que el tema requiera. Lenguaje sencillo de ninguna manera implica sacrificar la profundidad del concepto. Mientras más sencillo quiera presentarse un tema, requiere de mayor estudio y reflexión de parte del predicador. El predicador no debe intentar predicar un sermón que no ha estudiado y meditado debidamente.

4. Al presentar un tema nuevo, es menester que el predicador muestre tanto la importancia del tema como la ___*aplicación*___ en las vidas de los oyentes.

5. Adaptar el mensaje a las capacidades de los oyentes quiere decir:
   ___ a. no meterse en profundidad de conceptos cuando el tema es nuevo, o la congregación está formada por personas de tan poca preparación que no entenderían temas profundos.
   ___ b. predicar siempre sobre temas bien conocidos por los oyentes.
   _✓_ c. utilizar un lenguaje fácilmente comprensible para los oyentes, y que permita tratar los temas con toda la profundidad requerida.

C. BASARLO EN ALGO DE SUFICIENTE IMPORTANCIA

No hay razón para malgastar el tiempo y la atención de los oyentes presentando un tema de escaso valor, sólo con el propósito de demostrar nuestras capacidades intelectuales. El mensaje debe estar basado en algún concepto valioso del texto bíblico escogido. Es necesario descubrir lo que realmente quiere decirnos determinado pasaje de la Biblia, para sacar de ahí el mensaje, y no sacar el mensaje en los incidentes secundarios.

6. El sermón debe estar basado en algún concepto ___*valioso*___ del ___*texto*___ ___*Bíblico*___.

El siguiente ejemplo arroja luz sobre lo ya dicho. En vez de hablar de la piedra que cubrió el sepulcro, es mejor presentar el poder del Cristo resucitado. Forzar el significado de ciertos detalles en los relatos bíblicos es violar las leyes de interpretación. No vamos a la Biblia a imponerle ideas, sino a que ella nos enseñe. Basta con extraer de cada texto el propósito o propósitos principales que el autor se propuso presentar.

Se habla de dos jóvenes predicadores muy deseosos de mostrar sus dotes de erudición. El primero presentó un mensaje sobre el significado de la letra Y en la Biblia. El segundo presentó un mensaje en cuanto al significado del término **PERO**. Cuán triste fue preguntarle a un creyente humilde de qué se trató el mensaje. Su respuesta fue: "Fue un mensaje muy bonito, pero ya no recuerdo de qué se trató". Si hay esta respuesta de parte de nuestros oyentes, quiere decir que están recibiendo mucha paja, pero poco alimento que nutra sus almas.

7. Lea usted cuidadosamente en su Biblia el pasaje que se encuentra en Miqueas 6:6-8. Léalo y reflexione sobre él. Lea el pasaje cuantas veces sean necesario, hasta que esté seguro de qué es lo que el pasaje quiere comunicar. Después escoja un tema para un sermón basado en este pasaje, y anótelo en el espacio en blanco a continuación.

Tema:

8. Sin volver a leer lo estudiado hasta este punto, escriba los tres principios para la selección del tema.

   a.

   b.

   c.

FUENTES DE LAS CUALES PODEMOS SACAR EL TEMA

A. DEL TEXTO

Este principio es de gran importancia, puesto que la verdadera predicación debe ser bíblica en todo su contenido. No debe ser un tema escogido al azar, sino el resultado de un profundo estudio de la Palabra, bajo la dirección del Espíritu Santo.

La forma más fácil, y también la más legítima, es sacar el tema directamente del texto bíblico. Esto se hace buscando exactamente lo que el autor trataba de comunicar a las personas para las que escribió. Aunque es la forma más fácil, requiere del estudio y reflexión seria del texto utilizado.

9. La forma más fácil de sacar el tema es directamente del _texto Bíblico_.

10. Medite cuidadosamente el pasaje que se encuentra en Isaías 9:1-7. Descubra qué es lo que Isaías está comunicando al pueblo de Dios, y busque un tema para un sermón.

    Tema:

B. DE PROCEDIMIENTOS LOGICOS

Otra forma de encontrar el tema de un estudio es por medio de procedimientos lógicos. Algunas veces tenemos en la Biblia afirmaciones de una verdad general, y de ahí podemos sacar verdades para casos particulares. Por ejemplo, Romanos 13:1, 2 es una afirmación de una verdad general.

Sométase toda persona a las autoridades superiores; porque no hay autoridad sino de parte de Dios, y las que hay, por Dios han sido establecidas. De modo que quien se opone a la autoridad, a lo establecido por Dios resiste; y los que resisten, acarrean condenación para sí mismos.

De aquí se pueden sacar algunos temas por deducción. Por ejemplo: "Las consecuencias de la desobediencia", etc.

11. De los siguientes pasajes bíblicos, escoja algún tema que trate algún aspecto particular. Luego escríbalo en el espacio en blanco como tema para un sermón.

    a. Exodo 19:4-6. Tema:

    b. Levítico 19:2. Tema:

    c. 1 Pedro 2:11, 12. Tema:

12. Las dos fuentes estudiadas de las cuales puede sacarse el tema son:

    a. _El texto_

    b.

LOS MATERIALES PARA LA PREPARACION DEL TEMA

Al haber estudiado el texto y tener ya definido el tema para el mensaje, el próximo paso es adquirir toda clase de material que tenga relación con él. Ya no debemos malgastar el tiempo recolectando material inadecuado, sino debemos usar solamente aquel que gira alrededor del tema. Este material se asemeja a la carne que reviste el esqueleto, dando forma, belleza e importancia.

Ha de buscarse toda comparación, pensamientos, argumentos y demás asuntos que amplíen y enriquezcan el tema. Sería negligencia, y seguro fracaso el limitarse sólo a unos cuantos datos. La profunda investigación es lo que da forma y madurez al mensaje en la mente del predicador, prometiéndole mayor eficacia en la presentación. Es preferible desechar una cantidad de material en la elaboración final del mensaje, que carecer de él.

13. Escoja el enunciado correcto.
    ____ a. Una vez decididos el texto y el tema, el predicador ya se puede sentar a preparar su mensaje. Cualquier otra cosa que se añada no será bíblico, y dañará el mensaje.
    √ b. Cuando ya se tienen el texto y el tema listos, hay que proseguir con la acumulación del material útil para la preparación del mensaje.
    ____ c. Uno bien puede acumular material, y de acuerdo con el material acumulado determinar el tema de su próximo mensaje, y luego escoger el texto que apoye el tema escogido.

A. LAS FUENTES PARA ENCONTRAR EL MATERIAL

Hay tres fuentes principales para encontrar el material necesario. Para cualquier tema puede conseguirse abundante material. Es necesario dedicar tiempo y cuidado para ello, y no tan sólo para conseguir el material, sino también para ordenarlo. Veamos las tres fuentes.

1. La lectura

El predicador que quiere tener suficientes ideas a su disposición para la preparación de un buen mensaje tiene que leer suficientemente. La lectura nunca está de más. Será su principal fuente de acumulación de materiales. Sin embargo, el predicador no habrá de leer por leer exclusivamente, sino que leerá con detenimiento, analizando los pensamientos del autor, meditando y pensando los argumentos que presente, y juzgando sus conclusiones. Es decir, el predicador será una persona que reflexione sobre lo que lee.

14. ¿Qué opina? ¿Por qué es importante que el predicador lea mucho?

15. El predicador ¿por qué debe reflexionar sobre lo que lee?

a. Lectura bíblica

La principal fuente de la lectura ha de ser la Biblia. Es necesario leer la Biblia y leerla bien, con detenimiento y reflexión. Mientras más se lee la Biblia, más se van acumulando ideas y pensamientos de acuerdo a los mensajes que han de presentarse en una iglesia cristiana, además de que en la Biblia abundan materiales de toda especie.

Es bueno estar familiarizado con los pensamientos básicos de cada libro de la Biblia, así como los acontecimientos y el mensaje que nos presentan. Esta es la única manera adecuada de leer y meditar en la Biblia.

16. La mejor manera de conocer la Biblia es:
    √ a. descubrir el mensaje bíblico de cada libro y los acontecimientos bíblicos.
    ____ b. aprenderse de memoria textos claves para convertir a los pecadores.
    ____ c. hacerse evangélico y asistir a la escuela dominical.

b. Lectura general

Sí, es verdad que la Biblia es el principal libro de estudio y reflexión para el cristiano y en particular para el predicador, pero no es el único libro que ha de estudiar. El predicador debe ser un hombre de una cultura muy amplia. Debe procurar leer un buen número de libros, y libros buenos que le inviten a la reflexión.

Para el predicador, jamás estará mejor empleado el tiempo que en el estudio y lectura de libros. Los libros fáciles no le ayudan al predicador a despertar su propia inventiva de ideas, ni a la reflexión profunda y seria. Lo mismo podemos decir de periódicos y revistas. Es muy bueno leer periódicos y revistas a fin de conocer, hasta donde nos lo permiten, el mundo en donde nos desenvolvemos. Sin embargo, no debemos pasar la mayor parte de nuestro tiempo leyendo periódicos y revistas, pues éstos generalmente no nos invitan a la reflexión profunda.

17. Escriba en orden de importancia las fuentes de lectura.

a. *Biblia*

b.

18. ¿Cómo respondería usted a un predicador que dice que no tiene tiempo para leer?

2. La observación

Es indispensable mantener los ojos bien abiertos a fin de apropiarse de la abundancia de material que ofrece la naturaleza en general. El artista contempla los paisajes que la naturaleza le ofrece, y después los reproduce en forma muy atractiva. En idéntica forma el predicador debe darse cuenta de las lecciones que la naturaleza le ofrece, y luego reproducirlas en buenas enseñanzas desde el púlpito.

No tan sólo debe observar la naturaleza, sino también los acontecimientos de la vida diaria. El proverbista nos dice que:

> *La sabiduría clama en las calles,*
> *Alza su voz en las plazas;*
> *Clama en los principales lugares de reunión;*
> *En las entradas de las puertas de la ciudad dice sus razones* (Pr. 1:20, 21).

Si queremos denunciar los pecados de nuestro tiempo, tenemos abundantes ejemplos por las calles, en las plazas y en los principales lugares de reunión. Ahí debe estar presente la mirada observadora del predicador del evangelio. Ahí vamos a encontrar injusticia, discriminación, trato cruel, envidia, vanidad, soberbia, en fin, todas las manifestaciones del estado pecaminoso del hombre sin Cristo.

En la vida diaria también vamos a encontrar ternura, compasión, lucha por la justicia y la verdad. El predicador que observa tendrá un mensaje para hoy día. Cristo nos da ese ejemplo. Sus enseñanzas fueron presentadas por medio de parábolas o comparaciones de la vida cotidiana de su pueblo.

19. El predicador del evangelio es un individuo:

____ a. que ha renunciado al mundo. Por eso, a fin de llevar una vida de santidad ha de permanecer la mayor parte del tiempo en su cuarto para la oración y meditación. Así tendrá siempre un mensaje piadoso.

✓ b. tan ocupado en salvar las almas perdidas que no puede malgastar su tiempo en observar los acontecimientos del mundo pecador que le rodea, y al cual tiene que combatir como buen soldado de Jesucristo.

____ c. que necesita dedicar tiempo a la observación de la naturaleza y el mundo que le rodea. Así puede darse cuenta de mucho material que pueda usar en sus mensajes.

3. La reflexión personal

La lectura, la observación y las experiencias personales deben ser objeto de reflexión seria y profunda, siempre en la búsqueda de su relación con las verdades eternas presentes en las Sagradas Escrituras.

20. ¿Cómo ayuda la reflexión personal en la recolección de material para un mensaje?

21. Sin voltear las páginas, procure recordar las fuentes principales para recolectar material para el sermón. Luego anótelas en el espacio a continuación.

a.

b.

c.

B. TRES CLASES DE MATERIAL PARA EL SERMON

1. Las ilustraciones

Esta clase de material tiene como fin aclarar o arrojar luz sobre el contenido del mensaje, especialmente en las partes más difíciles. Las ilustraciones son para el mensaje como las ventanas para una casa, a través de las cuales la luz penetra hasta la parte interna. Aclaran el mensaje, porque lo relacionan con ejemplos de la vida cristiana.

Jesucristo, el predicador y maestro por excelencia, hizo abundante uso de las ilustraciones. Tenemos las parábolas de la semilla de mostaza, la levadura, la perla de gran precio, la red y muchas más. Fueron ilustraciones para hacer más claras sus profundas enseñanzas sobre el reino de los cielos.

22. Básicamente las ilustraciones sirven para:

_____ a. adornar el mensaje, a que no parezca tan seco.

_✓_ b. aclarar los conceptos.

_____ c. que no se duerman los oyentes.

a. Ventajas que nos trae el usar ilustraciones

En general, la gente puede entender mejor una enseñanza cuando se le presenta por medio de ilustraciones. La ilustración ayuda a explicar una verdad en forma sencilla y clara.

Las ilustraciones ayudan a captar la atención de los oyentes. A todo mundo le gusta escuchar historias. Es más fácil mantener la atención, especialmente de los niños, por medio de historias.

También el uso de las ilustraciones ayuda al oyente a recordar las enseñanzas prácticas del mensaje. Es muy posible que pocas personas recuerden el tema, el propósito, o los puntos principales. Pero muchos recordarán por un buen tiempo las ilustraciones, y su aplicación en el continuo vivir.

Las ilustraciones no sólo ayudan a recordar el mensaje, sino que también son un medio para convencer al oyente. Lo que muchas veces no puede obtenerse con argumentos bien elaborados, se logra con ilustraciones. El autor tiene experiencias en que las ilustraciones que usa aún en contactos personales impulsan al individuo a tomar una decisión.

Finalmente, las ilustraciones adornan el contenido del mensaje. Son muy pocos los predicadores que pueden mantener la atención de los oyentes sin usar ilustraciones. Pero a la vez hay que tener cuidado de no excederse. No se predica sólo para divertir a la gente, sino para convencerla.

23. Si ya entendió usted lo que estudiamos anteriormente, entonces anote las ventajas mencionadas en el uso de ilustraciones. Si no puede recordarlas, vuelva a estudiar, pero no debe simplemente copiarlas.

a.

b.

c.

d.

e.

b. Reglas para usar ilustraciones

Por lo general, las ilustraciones son más efectivas cuando son el producto de la experiencia personal. Es verdad que existen en castellano varios libros de ilustraciones, pero tienen la desventaja de ser demasiado trilladas, y a veces tratan temas que muy poco interesan al pueblo común. Las ilustraciones tomadas de experiencias personales generalmente son más vivas y más interesantes. Sin embargo, hay que recordar dos advertencias:

1) No es bueno que uno hable demasiado acerca de sí mismo.

2) Es muy importante no mencionar historias personales que avergüence en o ofendan a miembros de la congregación.

Nótese como Cristo usó los tres reinos de la naturaleza, y las relaciones humanas, para extraer las ilustraciones. Del reino animal se refirió a lobos, ovejas, cabras, insectos y aves. Del reino vegetal habló de la vid, de las legumbres, de los cereales, de las semillas, del trigo, de la cizaña y de los lirios. Del reino mineral habló de la perla, el oro, las rocas, la sal y otros más. De las relaciones humanas se refirió al matrimonio, la niñez, los ladrones, el trabajo, los banquetes y otros asuntos secundarios.

Las ilustraciones deberán ser cortas y sencillas. De lo contrario, en lugar de aclarar, confundirán más. Si es muy larga una ilustración, los oyentes se confunden en los detalles, y pierden de vista la verdad principal que se propone explicar. Por eso, es mejor omitir los detalles, y presentar la ilustración en forma sencilla y atractiva.

Por lo menos se le debe conocer bien si es que no se le memoriza. Antes de ir al púlpito, hay que estar seguro en qué forma se lo va a relatar, y cuál aplicación específica se le dará.

En el uso de las ilustraciones también se requiere de la honradez. Hay que admitir si algo es una mera suposición, o realmente fue un hecho real. Las suposiciones o imaginaciones del predicador son correctas, siempre y cuando se eviten las exageraciones.

Para tener abundantes ilustraciones en todo tiempo es bueno archivarlas bajo ciertos temas generales.

24. Algunas reglas para el uso de las ilustraciones son:

a. Normalmente son más efectivas cuando salen de la _Esperincia personal_.

b. Seguimos el ejemplo de Cristo en tomar ilustraciones de los tres _____ _____ y de las relaciones _____.

c. Las ilustraciones no deben ser largas, ni deben ser complicadas sino _____ _____.

d. Es mejor aprenderla de _Memoria_.

e. Al usar ilustraciones, el predicador debe ser _Onesto_ y admitir si es una mera _Suposición_.

f. Es bueno archivar las ilustraciones bajo _____.

2. Los pensamientos personales

De este tema ya se trató lo suficiente en páginas anteriores. Por lo cual sólo basta decir que a medida que el tema va madurando en la mente del predicador, más y mejores ideas irán resultando. Cuando éstas surjan deberán ser anotadas. Se dice de los grandes predicadores que aun a medianoche se levantan a anotar alguna buena idea que les viene a la mente.

3. Los pensamientos de otras personas

El predicador que tiene el hábito de la lectura tendrá abundantes materiales de esta clase. Todos estos pensamientos deben anotarse lo más pronto posible, y especialmente si se encuentra en un libro que no está al alcance del predicador.

25. Mencione tres clases de materiales que puede usar el predicador.

    a.

    b.

    c.

    Esta sección es práctica, y las respuestas serán objeto de comentarios en la clase.

26. Medite cuidadosamente en los siguientes pasajes bíblicos, y escoja un tema para cada uno.

    a. Proverbios 3:13-18.

    b. Juan 17:20, 21.

    c. Santiago 5:1-6.

27. Medite los siguientes pasajes bíblicos, y diga cuál es la enseñanza central de cada uno de ellos.

    a. Ezequiel 37:1-14.

    b. Exodo 34:1-10.

    c. Marcos 7:1-23.

28. Medite los siguientes pasajes bíblicos y escriba una ilustración que se puede usar para cada uno.

   a. Salmo 119:105.

   b. Ezequiel 37:1-14.

   c. Lucas 13:24.

AUTOEVALUACION

1. Enumere los tres principios para seleccionar el tema.

   a.

   b.

   c.

2. Describa las dos fuentes para el tema.

   a.

   b.

3. Describa varios materiales que se puede usar para la preparación del tema, mencionando las fuentes y las clases de materiales.

COMO ARREGLAR
LAS DIFERENTES PARTES DEL MENSAJE
LA INTRODUCCION

> El propósito de esta lección es que el alumno entienda cómo presentar la introducción de un mensaje. Al terminar la lección, el alumno:
>
> 1. definirá con sus propias palabras qué es la introducción.
> 2. dará dos razones por las cuales debe tener una introducción.
> 3. enumerará siete fuentes de donde sacar la introducción.

LA INTRODUCCION A LA LECCION

Por lo general, todo mensaje, o sermón, consta de tres partes: la introducción, el cuerpo y la conclusión. El arreglo de estas tres partes viene después de haber realizado un estudio profundo del texto, de haber definido claramente el tema y de tener coleccionado suficiente material.

Un diccionario de la lengua castellana define **introducción** como la **preparación para conseguir algo que uno se ha propuesto**. Esta parte, en relación con el resto del sermón, es como el pórtico o entrada a una casa, o como las palabras alusivas a una persona invitada a una reunión.

Es costumbre que antes de pasar la persona invitada a hablar, la persona encargada de la reunión la presente ante los oyentes. En idéntica forma, la introducción de un mensaje prepara el terreno donde ha de caer la semilla que germinará en los corazones.

1. Por lo tanto, se hace la presentación del mensaje ante la congregación con la _Introduccion_.

RAZONES POR LAS CUALES DEBEMOS TENER UNA INTRODUCCION

Como se observará a continuación, la introducción es una parte muy importante en el mensaje. No es muy correcto comenzar en forma brusca y directa con el mensaje, sin preparar para ello la mente de los oyentes, que por lo general se encuentra ocupada en diferentes asuntos. Nótese a continuación algunas de las razones por las que debemos tener una introducción.

A. DESPERTAR EL INTERES EN LOS OYENTES

Hay tres clases de oyentes difíciles: los indiferentes, los que no pueden interesarse y los que no quieren interesarse. Es necesario no sólo captar la atención de estos individuos, sino también proclamarles su necesidad de Jesucristo. El predicador debe despertar el interés de sus oyentes hacia el mensaje, porque no todos quieren oírle o creen que tienen que oírle. Alguien ha dicho que predicar sin tener la atención de los oyentes es como derramar un líquido sobre recipientes cerrados. Sin el interés en lo que se dice, será imposible lograr un buen resultado.

2. Se obtiene la más alta atención y comprensión de lo que se dice en un mensaje cuando los oyentes tienen _Interes_ en lo que se va a decir.

3. Por eso, la primera razón por lo que debemos tener una introducción es que sirve para _Captar el interes de los Oyentes_.

Para que la introducción despierte el interés de los oyentes, debe ser corta y atractiva. En ninguna manera es otro mensaje. Para no caer en este peligro, debe escribirla cuidadosamente y luego aprenderla de memoria. Si no se aprende de memoria, por lo menos habrá de conocerla bien.

Debido a la importancia de esta parte, algunos profesores de homilética prefieren preparar esta parte del mensaje al último, ya que tienen bien redondeado y definido su sermón. Lo hacen así con el fin de envolver el mensaje en algo que inmediatamente atraiga la atención de los oyentes. Otros prefieren hacerla al principio, pues así se fijan los objetivos del mensaje y el predicador se disciplina a mantenerse dentro de lo propuesto en la introducción.

De cualquier manera, la introducción ha de presentar en forma concreta y precisa el mensaje. Algunas veces será la presentación de una duda muy común, y que se pretende aclarar durante el desarrollo del sermón. Cuando se hace así, el que escucha se dispone a prestar atención, porque quiere saber cómo saldrá del paso el predicador.

En otras ocasiones se presenta en forma breve la afirmación de un concepto, el cual se ofrece aclarar o demostrar durante la exposición del sermón. Pudiera ser que un predicador prefiera la narración breve de algún acontecimiento, de alguna anécdota, o un breve cuento, que encierra la verdad que se pretende presentar en el mensaje así anunciado.

4. Cualquier forma de introducción que se escoja es buena, pues lo principal es que:
   ___ a. el mensaje tenga una introducción, porque esta no puede faltarle a ningún sermón.
   _✓_ b. sea corta y que despierte el interés de los oyentes.
   ___ c. comience el sermón de alguna manera, no importa cómo.

5. Una buena introducción: (Marque las respuestas correctas.)
   _✓_ a. despierta el interés de los oyentes.
   _✓_ b. es corta y atractiva.
   ___ c. es complicada para que los oyentes piensen.
   ___ d. presenta en forma concreta y precisa el mensaje.
   ___ e. es fácil hacer.

B. PREPARAR A LOS OYENTES PARA ENTENDER EL CONTENIDO DEL MENSAJE

La introducción en sí misma carece de valor si no está bien relacionada con el contenido del mensaje. Su fin es abrir la brecha en la mente y corazón de los oyentes, para que penetre el mensaje. Es la precursora del mensaje. Es difícil asentar una regla invariable en cuanto a la relación de la introducción con el resto del mensaje. ¿Cuánto puede contener del mensaje? es la pregunta discutida.

Algunos grandes predicadores han tenido éxito en presentar las diversas divisiones principales del mensaje en la introducción. Hacer esto sería bueno siempre y cuando no haga perder el interés de los oyentes en el desarrollo del mensaje. Se convierte en un peligro principalmente en los predicadores que no les gusta el estudio, y desde que terminaron sus estudios teológicos no han vuelto a estudiar más, ni siquiera han repasado sus libros de estudio. Cuando anuncian las diferentes partes del sermón, la congregación ya sabe de antemano lo que van a decir, porque ya conoce casi de memoria el pensamiento del predicador. Sin embargo, lo importante es que en la introducción se anuncie, en alguna manera, el contenido del mensaje.

Cuando en la introducción se anuncian los objetivos, el que escucha está buscando con la mente en qué momento se cumplen los objetivos señalados. Así podrá comprender mejor la razón de los argumentos presentados y seguir el hilo del sermón. Cuando la introducción deja al oyente en espera de algo, hace que ponga mayor atención. A causa de esto comprende mejor el contenido del mensaje. Sin embargo, una introducción que promete mucho con un sermón pobre desilusiona a la congregación.

6. Mencione un peligro de presentar las divisiones principales del sermón en la introducción.

7. ¿Cómo se siente los oyentes cuando el sermón no da lo que se promete en la introducción?

8. En la lección 2 usted trabajó con dos pasajes bíblicos. Los encuentra en las páginas 17 a 21. Repáselos, y después de meditar cuidadosamente, escriba a continuación una introducción para un mensaje basado en cada una de las citas.

   a. Salmo 119:105.

   b. Lucas 13:24.

FUENTES DONDE PODEMOS ENCONTRAR LA INTRODUCCION

Evitar la tendencia a caer en la rutina es lo que debe impulsar al predicador a conocer y saber usar diferentes métodos. Es un hecho que no se puede negar que los oyentes terminan por cansarse cuando el predicador siempre comienza sus mensajes con el mismo estilo de introducción. Las fuentes para la introducción pueden ser el texto, el fondo histórico, la geografía bíblica, los mensajes anteriores, las circunstancias de los oyentes, la ocasión o los acontecimientos nacionales e internacionales.

A. EL TEXTO MISMO

El pasaje en que se basa el mensaje es una de las mejores fuentes de donde se puede sacar la introducción. Nótese a continuación varias de las formas en que se puede usar el texto para formar la introducción.

1. Indicar formas incorrectas de interpretar el texto

En ciertas ocasiones pueden indicarse las formas incorrectas en que el texto ha sido interpretado o aplicado. Por ejemplo, algunos han usado 1 Corintios 2:9 en relación a las glorias en el cielo. Sin embargo, al estudiarlo cuidadosamente, se notará que se trata de todos los beneficios y privilegios que tienen los salvados, los cuales sólo son revelados a los santos por medio del Espíritu.

La Iglesia Católica Romana malinterpreta las palabras de Cristo en Mateo 26:26, 28. Se notará que el lenguaje de estos versículos está en forma figurada. El pan no se convierte mágicamente en el cuerpo, ni el vino en la sangre de Cristo.

Algunos han interpretado que el *valle de sombra de muerte* en el Salmo 23:4 es estar al borde de la muerte. Sin embargo, es la forma hebrea de hablar de una sombra u obscuridad muy densa. Propiamente quiere decir: aunque ande en un valle sombrío, tan obscuro como la muerte misma.

2. Mencionar el motivo por el cual se escogió dicho texto

También se puede hacer mención de los motivos que nos movieron a escoger tal o cual texto. A veces ciertas experiencias especiales llevan al predicador a escoger determinados textos. La narración de un relato especial no sólo capta la atención, sino que también interesa en el mensaje.

3. Relacionar el texto con el contexto

Una buena introducción puede resultar cuando se relaciona el texto con el contexto. Puede indicar lo que viene antes y después del pasaje escogido, demostrando el desarrollo del propósito del libro y el lugar que el texto utilizado para el mensaje ocupa dentro del mismo.

9. Tres maneras en que se puede usar el texto como fuente para la introducción son:

a.

b.

c.

10. Escoja usted tres textos bíblicos. Use el texto mismo para elaborar la introducción de un mensaje para cada uno de ellos.

a.

b.

c.

B. EL FONDO HISTORICO

Como esto ya se comentó en páginas anteriores, no habrá necesidad de explicarlo de nuevo, sino sólo indicar su importancia en relación a la introducción. El fondo histórico presentado atractivamente capta la atención de los oyentes y les prepara para entender con mayor claridad el mensaje. Por ejemplo, al predicar sobre los escritos de Pablo pueden mencionarse las circunstancias en las que se encontraba el apóstol, las condiciones políticas y sociales, y demás asuntos. Esto interesará a los oyentes en el contenido del libro e indirectamente les identificará con los lectores antiguos.

11. En la lección 2, en la página 17, usted ya hizo un trabajo de estudio de circunstancias históricas. Aproveche el trabajo realizado ahí y saque de ese trabajo una introducción para un mensaje. Anótela en el espacio en blanco a continuación.

C. LA GEOGRAFIA BIBLICA

La formación física de Palestina es muy hermosa. Sus montañas, llanuras, desiertos, mares y pequeños ríos le ofrecen al predicador grandes riquezas de material. Los cultivos de trigo, la cría de las ovejas y las bellas flores de la llanura de Esdraelón fueron asuntos que Cristo mismo usó en sus enseñanzas. Al preparar un mensaje sobre los milagros de Jesús en las orillas del mar de Galilea, sería muy aconsejable describir la forma, extensión y demás aspectos de ese lugar.

12. Busque en un diccionario bíblico y anote los principales datos que serían útiles para una introducción respecto a Josué 3. Anótelos en el espacio en blanco a continuación.

D. LOS MENSAJES ANTERIORES

Si a menudo el predicador habla a una misma iglesia, sería conveniente repasar algunas veces el énfasis principal del mensaje anterior. Esto permite a los oyentes grabar las verdades más importantes, y seguir el hilo central de la serie de mensajes. La repetición resulta algunas veces una clave importante para el aprendizaje.

13. Hasta aquí ya ha estudiado cuatro fuentes que se pueden usar en la preparación de la introducción. ¿Cuáles son?

a. _Texto bíblico_

b.

c.

d.

E. LAS CIRCUNSTANCIAS DE LOS OYENTES

Cuando el mensaje logra relacionarse con algo especial de la vida de los oyentes, causará un mejor impacto, porque es parte de lo que ellos conocen y sobre lo cual tienen interés. A veces, el mencionar uno de los problemas o acontecimientos del lugar tiene mucha importancia. En este renglón también se incluye el trabajo o intereses de los habitantes: hablar a los agricultores de la agricultura, a los deportistas del deporte, a los estudiantes de los últimos descubrimientos de la ciencia, a la juventud del amor y novelas, a los adultos del hogar y la familia, y así sucesivamente para cada caso.

14. Cite un versículo bíblico y desarrolle una introducción que servirá para un sermón sacado de dicho versículo. Prepare la introducción para que capte la atención de un grupo como el de las siguientes personas.

CITA:

a. Agricultores.

b. Estudiantes.

c. Señoras.

F. LA OCASION

Esto es muy importante, especialmente cuando se trata de una fecha o programa especial. Las fiestas religiosas o los días nacionales se prestan muy bien para esto. Hay que recordar que la mente de los oyentes está interesada en estos asuntos y, por lo tanto, más lista para recibir el mensaje. Además, si el predicador ha sido invitado por alguna iglesia, puede muy bien hacer mención del motivo de la visita, expresar su agradecimiento, o felicitar en algo a los oyentes.

15. Escoja un texto y elabore una introducción para cada uno de los siguientes eventos, suponiendo que desarrollará un sermón adecuado a la ocasión.

a. Día de la independencia.

b. Día del trabajo.

c. El día primero del año.

G. LOS ACONTECIMIENTOS NACIONALES E INTERNACIONALES

El predicador debe estar al día con las noticias, ya sea escuchando el radio o leyendo los diarios y revistas. Los descubrimientos científicos, las guerras, los terremotos y otros asuntos que despiertan el interés del pueblo son buenos puntos de apoyo para introducir el mensaje. Además, el predicador necesita ser un intérprete de tales acontecimientos, indicando a sus oyentes lo que Dios quiere decirnos a través de ellos. Bien sabemos por las Escrituras que tales hechos, en algunas ocasiones, son cumplimientos de las profecías.

16. Lea usted el periódico de hoy día. Si usted vive en un lugar donde difícilmente llega el periódico diariamente, entonces escuche las noticias en el radio. Después escoja dos textos y elabore usted dos introducciones, cada una para un mensaje diferente, basadas en las noticias que usted leyó o escuchó.

   a. Tomando como base una noticia nacional.

   b. Tomando como base una noticia internacional.

17. Escriba las siete fuentes estudiadas para la introducción.

   a.

   b.

   c.

   d.

   e.

   f.

   g.

18. De todas estas fuentes, ¿cuáles le parecen más fáciles de usar para preparar las introducciones de los mensajes? ¿Por qué?

AUTOEVALUACION

1. Defina con sus propias palabras qué es la introducción.

2. Dé dos razones por las cuales un mensaje debe tener una introducción.

   a.

   b.

3. Enumere siete fuentes donde podemos encontrar la introducción.

   a.

   b.

   c.

   d.

   e.

   f.

   g.

LECCION 6
COMO ARREGLAR
LAS DIFERENTES PARTES DEL MENSAJE
EL CUERPO, DIVISION DEL MATERIAL

El propósito de esta lección es que el alumno aprenda cómo desarrollar el cuerpo de un mensaje. Al terminar la lección, el alumno:

1. escribirá cuál es el lugar de importancia del cuerpo de un mensaje.
2. escribirá un párrafo breve acerca de cada una de las tres consideraciones en cuanto al cuerpo de un mensaje.
3. enumerará por lo menos tres sistemas de cómo dividir el material.

INTRODUCCION

El cuerpo de un sermón es la parte comprendida entre la introducción y la conclusión. Ocupa el primer lugar en cuanto a extensión e importancia. Allí está contenida la mayoría del material, dividido en varias partes, de acuerdo a cada paso.

1. En cuanto a extensión e importancia, el cuerpo de un sermón ocupa _El primer_ lugar.

ALGUNAS CONSIDERACIONES

A. LA IMPORTANCIA DE DIVIDIR EL MATERIAL

Por una parte, el dividir del material ayuda a los oyentes a entender y recordar con mayor facilidad la idea principal del mensaje. También el predicador puede presentar mejor un determinado tema cuando lo divide en partes naturales. Sólo así se podrá alcanzar el fin propuesto, sin desviarse y extenderse por demasiado tiempo.

Cuando se ha considerado bien el tema que ha de tratarse en un sermón, se divide en sus diferentes partes. Esto ayuda a que el predicador no olvide ninguna de ellas, y a que las trate en una forma equilibrada, sin descuidar ninguno de sus diferentes componentes. Al revisar la división que ha hecho de su sermón, podrá darse cuenta si falta algún aspecto importante, o si es mejor eliminar algún elemento, a fin de presentar una unidad bien elaborada y acabada.

2. Las divisiones del cuerpo del sermón sirven para:
  __×__ a. estar seguro de cubrir en forma equilibrada todos los aspectos de un tema.
  ____ b. obstaculizar la obra inspiradora del Espíritu Santo en el momento de predicar, porque uno se esclaviza al bosquejo preparado de antemano.
  ____ c. cumplir con un requisito de la homilética.

B. EL ARREGLO DE LAS DIVISIONES Y SUBDIVISIONES

Generalmente, un mensaje puede tener de dos a cinco divisiones principales. Pero es imposible establecer una regla fija, puesto que esto varía de acuerdo a cada tema. Algunos requieren más divisiones y otros menos. Lo importante es que abarquen todo su contenido y alcancen el propósito fijado. Sin embargo, es preferible que no haya demasiadas divisiones porque tienden a confundir al mismo predicador y a los oyentes. Las subdivisiones de primero y segundo orden deben ser pocas. Se recomiendan de dos a cuatro.

La extensión del bosquejo es asunto personal de cada predicador. Unos incluyen muchas subdivisiones y demás material, otros menos. Puede variar entre una media hoja a una hoja entera, según el predicador.

En cuanto al orden de las divisiones, primero deben presentarse las que tratan de lo negativo, y después las de carácter positivo, si así ha querido tratar el asunto el predicador. Debe irse así de lo negativo a lo positivo sobre todo cuando el tema tiene como fin borrar de la mente algunas ideas erróneas. Por ejemplo, el predicador, cuando trata de la oración, bien podría tratar en la primera división de lo que **no** es la oración, y en la segunda de lo que sí es la verdadera oración. Además, si las divisiones procuran probar algo que se ha propuesto, los argumentos de mayor importancia deben proceder a los de menor importancia.

A continuación está el bosquejo de un sermón. Obsérvelo y estúdielo cuidadosamente. Vea cómo están distribuidas sus partes.

EJEMPLO

40-27-31

Texto: Isaías 4:27-31

Tema: LAS NUEVAS FUERZAS DEL PUEBLO ESCOGIDO

Propósito: Inspirar a los creyentes a buscar sus fuerzas en Dios.

I.   Introducción

En el día de hoy, lo que más se busca en el mundo es la fuerza y el poder. Algunos los buscan en las actividades políticas, otros en sus negocios comerciales, otros en sus vidas familiares, y otros en las drogas. Los israelitas buscaron nuevas fuerzas también. La persecución por los pueblos enemigos los llevó a la desesperación. Construyeron lugares altos y sirvieron a dioses falsos. Isaías les señaló la verdadera fuente de la fuerza espiritual.

II. Cuerpo

A. La fuente divina de las nuevas fuerzas del pueblo escogido.

1. La fuente eterna de la fuerza de Israel.

2. La fuente omnipotente de la fuerza de Israel.

3. La fuente de nuestra fuerza hoy.

B. La clave de la fuerza del pueblo escogido.

1. Esperar en Jehová es cambiar la fuerza humana por la fuerza divina.

2. Esperar en Jehová es tener fe en Dios.

3. Esperar en Jehová es no fatigarse jamás.

III. Conclusión

Dios es la única fuente de fuerza que es fiel a su pueblo eternamente y que es omnipotente. Espere en Jehová con fe, dejando sus esfuerzos egoístas y jamás se fatigará.

C. LA PRESENTACION DE LAS DIVISIONES

Para la presentación de la divisiones hay tres métodos que se explicarán a continuación. Algunos predicadores prefieren y defienden uno u otro. Cada quien debe sentirse en libertad de utilizar el que más le convenga en cada caso. Lo importante no es qué método se emple, sino que los oyentes entiendan, recuerden y se convenzan por el mensaje.

3. De los tres métodos que vamos a presentar a continuación:

_____ a. se nos va a decir cuál es el mejor y debemos descartar los otros.

__/__ b. los tres son buenos, y debemos elegir el que más se adapte a las necesidades de cada uno.

_____ c. ninguno de los tres es bueno, y por eso, debemos inventar otro que resultará mejor.

1. Dar las divisiones en la introducción

Como ya se dijo en la lección anterior, algunos predicadores dan las divisiones en la introducción. Fue lo más usado por predicadores como Wesley, Spurgeon, Moody y otros más. Este método permite al oyente grabar los asuntos con mayor facilidad, puesto que los oye en la introducción y luego los escucha desarrollándose durante el cuerpo del sermón. Además, puede colocar a los oyentes a la expectativa, pendientes de cómo desarrollará el predicador cada división.

2. Dar las divisiones sólo durante el desarrollo del sermón

El segundo método consiste en mencionar las divisiones únicamente durante el desarrollo del sermón. Es preferible irlas anunciando en forma suave. De preferencia debe utilizar los siguientes términos para cambiar al siguiente punto: además, también, por otra parte, no sólo esto, o finalmente. Algunos predicadores olvidan este principio y anuncian las divisiones en la siguiente forma: "El primer punto es..., el segundo es..., y el último...". Esto resta belleza y cierto grado de sensación de progreso.

3. Tener las divisiones pero no mencionarlas

Hay predicadores que no mencionan para nada las diferentes partes del sermón. Por supuesto que los diferentes puntos están en el bosquejo escrito que el predicador tiene a la mano, pero no los da a conocer a los oyentes en la presentación de su mensaje. Esto permite un ascenso continuo hasta llegar a la conclusión.

4. Los tres métodos de presentar las divisiones del sermón son:

a.

b.

c.

5. Desarrolle el bosquejo completo de un sermón basado en el Salmo 119:105. Usted ya tiene material que le ayudará en las páginas 17, 18 y 21 (Lección 2), la página 41 (Lección 4) y la página 45 (Lección 5). Presente su bosquejo en clase.

6. Desarrolle el bosquejo completo de un sermón basado en Lucas 13:22-30. Usted ya tiene material que le ayudará en las páginas 17-19 (Lección 2), la página 41 (Lección 4) y la página 45 (Lección 5).

SISTEMAS PARA DIVIDIR EL MATERIAL

Hay cuatro medios que se pueden emplear para dividir el material. El utilizar los cuatro, cada uno en diferentes ocasiones, facilita en gran parte el arreglo del mensaje, puesto que ofrece al predicador diferentes maneras de proceder. Además, da variedad en el estilo de la presentación.

A. DE ACUERDO A UN TEMA

En el caso de dividir un sermón de acuerdo a un tema, las divisiones son producto del tema, y por esto se la llama predicación temática. Pero en ninguna manera deja de ser bíblica. Las divisiones se derivan del tema, pero su contenido debe estar en armonía y con respaldo bíblico. Como se observó en una lección anterior, el tema puede ser producto de un texto, o respaldado por él.

7. Por tanto, lo que nos señale las diferentes divisiones del sermón será los diferentes componentes del
   Tema .

B. DE ACUERDO A UN ASUNTO DOCTRINAL

Se llaman sermones de asunto aquellos que se basan en un asunto general, presente a través de la Biblia. El asunto puede ser, por ejemplo, la fe, el arrepentimiento, la justicia, la justificación y muchos otros más. En cierto sentido, también pueden llamarse sermones doctrinales porque buscan presentar lo que dice la Biblia, ya sea en un libro, o en todos, en cuanto a un punto doctrinal.

8. Un tema para un sermón de asunto (un sermón doctrinal) puede ser:
   ____ a. el sermón del monte.
   _✓_ b. el pecado del creyente.
   ____ c. el buen samaritano.

C. DE ACUERDO A UN VERSICULO

Dividir el material de un sermón de acuerdo a un versículo se llama predicación textual. El bosquejo es producto de un análisis cuidadoso de cada palabra y frase importante del versículo base para el sermón. Aunque hay varias maneras de derivar las divisiones, éstas deben salir del versículo.

9. Indique cuál de las tres divisiones es para un sermón textual.

   Texto: Efesios 2:8: *Porque por gracia sois salvos por medio de la fe; y esto no de vosotros, pues es don de Dios.*

   ___✓ a. I. Salvos por la gracia de Dios
      II. Salvos por la fe
      III. No es obra nuestra
      IV.Es obra de Dios
   ___ b. I. La ley nos condena
      II. Nuestra fuerza de voluntad es insuficiente
      III. El amor de Dios nos redime
   ___ c. I La fe en Cristo Jesús
      II. Una fe que trae paz
      III. Una fe que nos es dada.

D. DE ACUERDO A UN PASAJE

Dividir un mensaje de acuerdo a un pasaje bíblico es una clase de predicación que se llama expositiva. A diferencia de la textual, se basa en una porción más extensa. Puede consistir de tres versículos hasta todo un libro de la Biblia, siempre y cuando formen en sí una unidad completa. Así constituido el tema, las divisiones principales tanto como las subdivisiones son el resultado del análisis del pasaje.

10. El sermón expositivo es:
    ___ a. el que expone los pecados de la congregación a la vista de todos.
    ___ b. el que expone las necesidades espirituales de la congregación, y da la respuesta bíblica a tales necesidades.
    _✓_ c. el que tiene como base una porción de la Biblia, completa en sí misma.

11. Los cuatro sistemas de dividir el material son:

    a.

    b.

    c.

    d.

12. Paree.
    ___ a. Explica un párrafo, capítulo o libro de la Biblia.
    ___ b. Trata de un asunto general presente a través de la Biblia.
    ___ c. Las divisiones son producto del tema pero siempre con respaldo bíblico.
    ___ d. Presenta un análisis de las palabras y frases importantes del versículo base para el sermón.

    1) Predicación temática.
    2) Predicación doctrinal.
    3) Predicación textual.
    4) Predicación expositiva.

En las siguientes lecciones estudiaremos más a fondo cada uno de estos sistemas de dividir el material del sermón.

AUTOEVALUACION

1. ¿Cuál es el lugar de importancia del cuerpo de un mensaje?

2. Escriba brevemente acerca de las tres consideraciones en cuanto al cuerpo de un mensaje.

    a.

    b.

    c.

    d.

    .

3. Enumere por lo menos tres sistemas de cómo dividir el material.

    a.
    b.
    c.
    d. (opcional)

COMO ARREGLAR
LAS DIFERENTES PARTES DEL MENSAJE
SERMON TEMATICO

El propósito de esta lección es que el alumno entienda qué es el sermón temático y cómo elaborarlo. Al terminar la lección, el alumno:

1. mencionará cuatro maneras de elaborar sermones temáticos.
2. describirá brevemente cada una de estas maneras.

INTRODUCCION

En la lección anterior aprendimos que al dividir el sermón de acuerdo a un tema, las divisiones son producto del tema, pero en ninguna manera dejan de ser bíblicos. Vimos que las divisiones se derivan del tema, pero su contenido debe estar en armonía y con respaldo bíblico. Como se observó en una lección anterior, el tema puede ser producto de un texto, o respaldado por él.

En esta lección estudiaremos algunas maneras y ejemplos de elaborar las divisiones para un sermón sobre un tema.

ALGUNAS MANERAS DE ELABORAR SERMONES TEMATICOS

A. CUANDO EL TEMA PONE ENFASIS EN UNA PALABRA O FRASE IMPORTANTE

Ejemplo: (Lea 1 Samuel 7:3-17.)

Texto: 1 Samuel 7:12: *Tomó luego Samuel una piedra y la puso entre Mizpa y Sen, y le puso por nombre Eben-ezer, diciendo: Hasta aquí nos ayudó Jehová.*

Tema: EBEN-EZER: HASTA AQUI NOS AYUDO JEHOVA

I.   Hasta aquí: el momento de la humilde confesión (v. 6)

II. Nos ayudó: Dios lleva a su pueblo a la victoria (v. 10)

III. Jehová: El futuro del pueblo está en manos del siervo de Dios (v. 15)

1. En el ejemplo anterior, el tema fue inspirado y derivado de un texto.
    ___ a. Por lo tanto, las divisiones están derivadas del orden mismo que proporciona la frase clave del texto bíblico.
    ___ b. Pero las divisiones siguen los eventos en la vida de Samuel.

2. Elabore usted las divisiones de un sermón, derivadas del tema LA NUEVA CRIATURA. De acuerdo a su criterio personal, elabore tres, cuatro o cinco diferentes divisiones, según usted crea conveniente. No tiene que hacer necesariamente cinco divisiones, sino las que usted crea convenientes.

Texto: 2 Corintios 5:17: *De modo que si alguno está en Cristo, nueva criatura es; las cosas viejas pasaron; he aquí todas son hechas nuevas.*

Tema: LA NUEVA CRIATURA

I.   La nueva criatura

II.   La nueva criatura

III. La nueva criatura

IV.   La nueva criatura

V.   La nueva criatura

B. CUANDO EL TEMA CONSISTE EN UNA PREGUNTA

Ejemplo:

Texto: Mateo 19:25: *Sus discípulos, oyendo esto, se asombraron en gran manera, diciendo: ¿Quién, pues, podrá ser salvo?*

Tema: ¿QUIEN PUEDE SER SALVO?

I.   El que abandona su suficiencia personal

II.   El que confía completamente en el poder de Dios

III. El que acepta, por la fe, a Cristo como su Salvador

IV.   El que está listo a seguirle obedientemente

3. En este ejemplo, las divisiones pretenden responder a la interrogante:
    ____ a. ¿Por qué?
    _✓_ b. ¿Quién?
    ____ c. ¿Cómo?

4. Por lo visto, en este método las divisiones tienen el propósito de:
    ____ a. repetir la frase clave.
    ____ b. demostrar que lo planteado en el tema es verdad.
    _✓_ c. dar respuestas a la pregunta que el tema plantea.

Por supuesto que hay varias palabras interrogativas, y todas ellas pueden ser utilizadas. Estas puedan ser, por ejemplo, ¿Qué? ¿Quién? ¿Cómo? ¿Cuándo? ¿Dónde? ¿Por qué? ¿Para qué?

5. Siguiendo el ejemplo y las consideraciones anteriores, y después de estudiar el pasaje bíblico indicado, elabore usted las divisiones de un sermón de acuerdo al tema planteado, y basado en el pasaje bíblico señalado. Elabore cuantas divisiones usted crea necesarias. Fíjese cuidadosamente que las divisiones tienen que responder a una pregunta. No olvide que usted **no** tiene que hacer necesariamente cinco divisiones. Elabore usted menos o más, de acuerdo a su criterio personal.

Texto: Efesios 4:20-24.

Tema: ¿COMO CRECER EN LA VIDA CRISTIANA?

I.

II.

III. *despojandonos del pecado*

IV.

V.

6. En este ejemplo que acaba de elaborar usted mismo, las divisiones pretenden responder al interrogante ¿ *Como* ? planteado en el tema.

C. CUANDO EL TEMA SE BASA EN UNA ORDEN O MANDATO

Cuando el tema se basa en una orden o mandato, los propósitos de las divisiones son: 1) indicar el significado de la orden, 2) dar las razones por las cuales es necesario cumplirla, o 3) mostrar las maneras de llevarla a cabo.

Ejemplo:

Texto: 1 Tesalonicenses 5:17: *Orad sin cesar.*

Tema: ORAD SIN CESAR

I.   Debemos orar sin cesar por la conversión de los perdidos

II. Debemos orar sin cesar por una purificación completa de la iglesia

III. Debemos orar sin cesar en favor de la justicia social

7. En este caso, las divisiones tienen el propósito de proporcionar elementos, causas o razones para cumplir *una orden o mandato*.

8. En este caso, la orden dada es *Orar Sin Cesar* .

9. Siguiendo el ejemplo y de acuerdo con las condiciones anteriores, elabore las divisiones del siguiente sermón. Primero estudie cuidadosamente el pasaje bíblico.

Texto: 1 Pedro 1:13-2:3

Tema: SED SANTOS

D. CUANDO EL TEMA ES UNA DECLARACION O AFIRMACION

Ejemplo 1: (Estúdiese Romanos 7:1-25.)

Texto: Romanos 7:23, 24: *Pero veo otra ley en mis miembros, que se rebela contra la ley de mi mente, y que me lleva cautivo a la ley del pecado que está en mis miembros. ¡Miserable de mí! ¿quién me librará de este cuerpo de muerte?*

Tema: EL PECADO ES UN LADRON

I.   Porque roba al hombre su relación con Dios

II. Porque roba al hombre su dignidad

III. Porque roba al hombre sus derechos

10. En esta ocasión, las divisiones tienen el propósito de:
   ____ a. dar respuesta a la pregunta que el tema plantea.
   ____ b. presentar el significado de la declaración.
   __✗__ c. probar por qué es correcta la declaración.

Ejemplo 2:

Texto: Salmo 133:
¡Mirad cuán bueno y cuán delicioso es
Habitar los hermanos juntos en armonía!
Es como el buen óleo sobre la cabeza,
El cual desciende sobre la barba,
La barba de Aarón,
Y baja hasta el borde de sus vestiduras;
Como el rocío de Hermón,
Que desciende sobre los montes de Sion;
Porque allí envía Jehová bendición,
Y vida eterna.

Tema: LA DELICIA DE LA FRATERNIDAD CONSAGRADA POR JEHOVA

I.   Lo precioso de la fraternidad: que la hay, por la gracia de Dios

II. La naturaleza de la fraternidad: la unión divina

III. La consecuencia de la fraternidad: bendición y vida eterna

11. Ahora bien, en este ejemplo proporcionado, las divisiones tienen por objeto:
   __✗__ a. presentar el significado de la declaración.
   ____ b. demostrar que lo planteado en el tema es verdad.
   ____ c. explicar todo el texto.

12. Siguiendo los dos ejemplos anteriores, elabore usted las divisiones de un sermón. Por supuesto, el sermón ha de ceñirse al tema y texto señalados. Primero estudie cuidadosamente el pasaje de Juan 14:1-14. El tema es una afirmación. Por lo tanto, antes de elaborar las divisiones, según su deseo, use una de las siguientes maneras de cómo dividir un sermón: (1) para explicar el significado de la declaración; (2) para demostrar que lo planteado en la afirmación es verdad. Después, trabaje en la elaboración de sus divisiones. Cualquiera de las dos decisiones que usted tome será correcta.

Texto: Juan 14:6: *Jesús le dijo: Yo soy el camino, y la verdad, y la vida; nadie viene al Padre, sino por mí.*

Tema: JESUS ES EL UNICO MEDIO DE SALVACION

13. En el ejemplo anterior elaborado por usted mismo, en las divisiones usted se propuso:
    ___ a. explicar el significado de la declaración.
    ___ b. demostrar que lo planteado en el tema es verdad.

14. Como repaso, escriba los cuatro maneras de elaborar sermones temáticos.

    a.

    b.

    c.

    d.

15. Describa brevemente cada una de estas maneras.

    a.

    b.

    c.

    d.

AUTOEVALUACION

1. Mencione cuatro maneras de elaborar sermones temáticos.

   a.

   b.

   c.

   d.

2. Describa brevemente cada una de las maneras mencionadas en la primera respuesta.

   a.

   b.

   c.

   d.

LECCION 8
COMO ARREGLAR
LAS DIFERENTES PARTES DEL MENSAJE
SERMONES DOCTRINALES Y TEXTUALES

El propósito de esta lección es que el alumno pueda trabajar con sermones doctrinales y textuales. Al terminar la lección, el alumno:

1. escribirá un párrafo breve sobre cómo desarrollar un sermón doctrinal.
2. enumerará los cinco pasos en el estudio de un versículo en el sermón textual.
3. explicará dos sistemas para preparar un mensaje textual.

EL SERMON DOCTRINAL

A. INTRODUCCION

Ya estudiamos que un sermón doctrinal se base en un asunto general, presente a lo largo de la toda Biblia. Busca presentar lo que dice la Biblia, ya sea en un libro, o en todos, en cuanto a un punto doctrinal. Para el estudio de la preparación de esta clase de sermones, son muy útiles la concordancia, el diccionario bíblico, algún libro de teología y cualquier otra ayuda parecida.

1. Para preparar un sermón doctrinal son muy útiles:
   - _✓_ a. la concordancia.
   - _✓_ b. el diccionario bíblico.
   - _✓_ c. la Biblia misma.
   - ___ d. el periódico diario.
   - _✓_ e. un libro de teología.

B. EL DESARROLLO DE UN SERMON DOCTRINAL

El desarrollo del mensaje consiste en seleccionar y estudiar cuidadosamente los versículos importantes que traten de una misma doctrina o asunto. Por ejemplo, para preparar un mensaje sobre la fe, hay que buscar todas las citas importantes sobre este asunto.

Pero también se debe averiguar sobre todos los sinónimos y demás palabras que se relacionan con él, tales como confianza, creer, promesa, seguridad, fidelidad, testimonio, etc., a fin de lograr un conocimiento más amplio y profundo. De todo este material acumulado, se pueden sacar todavía varios temas específicos para otros tantos sermones. Así, tendríamos algunos como: **Los frutos de la fe, Diferentes clases de fe, El poder de la fe** y otros más. En realidad es necesario concretarse a algún punto particular de un tema general. De otra manera sería imposible tratar todos los aspectos de un tema en un solo mensaje. Y si alguien quisiera hacerlo, resultaría un sermón demasiado largo y superficial.

2. Para empezar su preparación, el predicador debe estudiar todos los versículos importantes de la _Biblia_ que tratan del asunto.

3. Usando una concordancia, el predicador debe buscar:
   ___ a. sólo los versículos que contienen la palabra clave.
   ___ b. sólo los versículos que contienen los sinónimos y demás palabras relacionados con la palabra clave.
   _✓_ c. tanto los versículos que contienen la palabra clave como los que contienen sinónimos y demás palabras relacionados con la palabra clave.

4. ¿Qué piensa? ¿El predicador debe tratar todos los aspectos de un asunto en un solo mensaje? Sí ___ No _✓_. ¿Por qué?

5. ¿Qué puede hacerse con todo el material acumulado que no se usa en el sermón?

C. EJEMPLO

Texto: Exodo 15:11:
¿Quién como tú, oh Jehová, entre los dioses?
¿Quién como tú, magnífico en santidad?

Asunto general: La santidad

Tema específico: LA SANTIDAD DE DIOS MANIFESTADA

I.   Manifestada en su carácter. Salmo 22:3; Juan 17:11

II. Manifestada en su nombre. Isaías 57:15; Lucas 1:49

III. Manifestada en sus palabras. Salmo 60:6; Jeremías 23:9

IV. Manifestada en sus obras. Salmo 145:17

V.   Manifestada en su reino. Salmo 47:8

6. De acuerdo a lo expuesto en la lección de hoy día, y siguiendo el ejemplo presentado anteriormente, elabore usted todos los aspectos de un sermón de asunto doctrinal. Es decir, usted mismo escogerá el asunto general, el tema específico, el texto base, y las diferentes divisiones de su sermón. Nota: No olvide que el número de las divisiones depende del criterio suyo.

   Texto:

   Asunto general:

   Tema específico:

   Divisiones del cuerpo del sermón:

EL SERMON TEXTUAL

A. INTRODUCCION

Hemos aprendido que el dividir un sermón de acuerdo a un versículo se llama predicación textual, porque el bosquejo es producto de un análisis cuidadoso de cada palabra y frase importante del versículo base para el sermón. Aunque hay varias maneras de derivar las divisiones, éstas deben estar contenidas en el versículo.

7. En un sermón textual, las divisiones del bosquejo deben estar contenidas en el _versículo_ mismo.

B. PASOS EN EL ESTUDIO DE UN VERSICULO

Hay varios pasos que uno debe observar en el estudio de un versículo. Aquí mencionamos cinco pasos.

1. Se debe leer el versículo varias veces, y con sumo cuidado, relacionándolo con el contexto.

2. Conteste, en base al texto, las siguientes preguntas: ¿Quién dice esto? ¿Cuándo lo dijo? ¿Dónde lo dijo? ¿Qué dijo? ¿Por qué lo dijo?

3. Haga uso del diccionario bíblico y del de la lengua castellana para buscar el significado preciso de las palabras más importantes y difíciles.

4. Hay que escoger el tema. Este debe sacarse del contenido global del texto, y abarcar las ideas principales. Es muy conveniente consultar los comentarios bíblicos, a fin de tener una idea más amplia del asunto, y quizás corregir alguna mala interpretación.

5. Saque las divisiones del bosquejo para el sermón. Las divisiones saldrán, como ya se ha dicho, del versículo mismo.

8. Conteste las preguntas indicadas en el paso dos, concerniente el texto proporcionado a continuación. Lea cuidadosamente el contexto, y si es necesario eche mano de algún comentario bíblico y del diccionario bíblico.

Texto: Lucas 20:25: *Entonces les dijo: Pues dad a César lo que es de César, y a Dios lo que es de Dios.*

¿Quién dice esto?   JESUS

¿Cuándo lo dijo?

¿Dónde lo dijo?   tehPlo

¿Qué dijo?

¿Por qué lo dijo?

9. Escriba un tema para un sermón basado en Lucas 20:25.

C. SISTEMAS PARA PREPARAR UN MENSAJE TEXTUAL

Al igual que los mensajes de asunto, los textuales ofrecen una variedad de métodos o maneras de proceder, sin alterar en nada las verdades contenidas en el texto. Se proporcionarán dos métodos, con sus ejemplos respectivos.

1. Seguir el orden del texto

El primer método consiste en seguir precisamente el mismo orden y forma de las palabras e ideas del texto. Pero no todos los textos se prestan para esto.

Ejemplo:

Texto: Juan 10:9: *Yo soy la puerta; el que por mí entrare, será salvo; y entrará, y saldrá, y hallará pastos.*

Tema: YO SOY LA PUERTA

I.   Yo soy la puerta

II.   El que por mí entrare, será salvo.

III. Entrará, saldrá y hallará pastos.

10. He aquí un ejemplo más para que usted desarrolle las divisiones del sermón, siguiendo el ejemplo arriba presentado. No olvide que el número de divisiones depende exclusivamente del criterio de usted.

Texto: 2 Crónicas 7:14: *Si se humillare mi pueblo, sobre el cual mi nombre es invocado, y oraren, y buscaren mi rostro, y se convirtieren de sus malos caminos; entonces yo oiré desde los cielos, y perdonaré sus pecados, y sanaré su tierra.*

Tema: LOS SECRETOS DE UN AVIVAMIENTO

Divisiones del cuerpo del sermón:

2. Basar las divisiones en el texto pero no seguir el mismo orden

Aunque el segundo método también basa sus divisiones en el texto, éstas no siguen el mismo orden de las palabras y pensamientos contenidos en el texto. Varían de acuerdo al orden de pensamientos que el predicador vea más conveniente. Y además, las divisiones no usan necesariamente las mismas palabras del texto. Pueden variar en palabras o en términos, pero sin alterar el significado. Nótese el siguiente ejemplo:

Texto: Isaías 53:11, 12: *Verá el fruto de la aflicción de su alma, y quedará satisfecho; por su conocimiento justificará mi siervo justo a muchos, y llevará las iniquidades de ellos. Por tanto, yo le daré parte con los grandes, y con los fuertes repartirá despojos; por cuanto derramó su vida hasta la muerte, y fue contado con los pecadores, habiendo él llevado el pecado de muchos, y orado por los transgresores.*

Tema: CUATRO ASPECTOS EN LA VIDA DE CRISTO

I.   El conquistador. *Con los fuertes repartirá despojos*

II.   El substituto. *Habiendo él llevado el pecado de muchos*

III. El intercesor. *Orado por los transgresores*

IV.   El justificador. *Justificará mi siervo justo a muchos*

Observe usted cuidadosamente, y verá que primero se presentan las ideas del versículo 12 y después las del versículo 11.

11. Ahora, en la misma forma presentada en el ejemplo anterior, elabore usted las divisiones, según a usted le parezca mejor, del bosquejo para el siguiente sermón. Presente su trabajo en clase.

Texto: 1 Timoteo 1:15: *Palabra fiel y digna de ser recibida por todos: que Cristo Jesús vino al mundo para salvar a los pecadores, de los cuales yo soy el primero.*

Tema: EL MENSAJE DE DIOS

Divisiones del cuerpo del sermón:

12. Usando la información que ya escribió en las preguntas 8 y 9 de esta lección, elabore las divisiones del bosquejo para un sermón. Puede usar cualquiera de los dos sistemas para preparar un mensaje textual.

Texto: Lucas 20:25: *Entonces les dijo: Pues dad a César lo que es de César, y a Dios lo que es de Dios.*

Tema:

Divisiones del cuerpo del sermón:

13. Las divisiones del sermón que usted elaboró en la pregunta anterior:

    ___ a. siguen el orden del texto.

    ___ b. están basadas en el texto pero no siguen el mismo orden.

AUTOEVALUACION

1. Escriba un párrafo breve sobre cómo desarrollar un sermón doctrinal.

2. Enumere los cinco pasos en el estudio de un versículo en el sermón textual.

   a.

   b.

   c.

   d.

   e.

3. Explique dos sistemas para preparar un mensaje textual.

   a.

   b.

COMO ARREGLAR
LAS DIFERENTES PARTES DEL MENSAJE
SERMON EXPOSITIVO

El propósito de esta lección es que el alumno sepa manejar un sermón expositivo. Al terminar la lección, el alumno:

1. definirá el sermón expositivo.
2. describirá tres métodos para estudiar pasajes más extensos.

INTRODUCCION

Ya aprendimos que a diferencia del sermón textual, el expositivo se basa en una porción más extensa. Puede consistir de tres versículos (siempre y cuando formen en sí una unidad completa) hasta un libro entero. Una vez constituido el tema, las divisiones principales así como las subdivisiones son el resultado del análisis del pasaje.

La palabra exponer, según el diccionario de la lengua española, significa: "Presentar una cosa para que sea vista; ponerla de manifiesto; declarar, interpretar, explicar el sentido exacto de una palabra, texto o doctrina que pueda tener varios significados o sea de difícil comprensión." Entonces, la tarea del predicador está en explicar ante los oyentes la Palabra de Dios, clara y profundamente.

1. El sermón expositivo es el que:
   ____ a. expone los pecados de la congregación a la vista de todos y condene a los pecadores al infierno.
   ____ b. expone las necesidades espirituales de la congregación, y da la respuesta bíblica a tales necesidades.
   √ c. tiene como base una porción bíblica completa en sí misma.

METODOS PARA ESTUDIAR PASAJES MAS EXTENSOS

Estudiaremos a continuación los diferentes sistemas o métodos para estudiar un párrafo, un capítulo y un libro.

A. EL ESTUDIO DE UN PARRAFO

Un párrafo es un conjunto de versículos que en sí presentan una idea completa, o pensamiento completo. Este puede constar de tres, cinco, diez o más versículos. La revisión de 1960 de la Biblia traducida por Reina-Valera es una gran ayuda en este sentido, pues ahora trae dividida la Biblia no solamente en capítulos y versículos, sino que también en porciones, o párrafos, y se han intercalado títulos para cada uno de los párrafos.

El arreglo del mensaje basado en un párrafo bíblico debe contener un significado o enseñanza espiritual. El estudio de un párrafo es casi idéntico al estudio de un versículo.

1. Se debe leer el párrafo varias veces, y con sumo cuidado, relacionándolo con el contexto.

2. Conteste, en base al texto, las siguientes preguntas: ¿Quién dijo esto? ¿Cuándo lo dijo? ¿Dónde lo dijo? ¿Por qué lo dijo?

3. Haga uso del diccionario bíblico y de la lengua castellana para buscar el significado preciso de las palabras más importantes y difíciles.

4. Hay que escoger el tema. Este debe sacarse del contenido global del texto, y abarcar las ideas principales. Es muy conveniente consultar los comentarios bíblicos, a fin de tener una idea más amplia del asunto, y quizás corregir alguna mala interpretación.

5. Saque las divisiones del bosquejo para el sermón. Como ya se ha dejado sentado, las divisiones saldrán del párrafo mismo.

2. Los cinco pasos en el estudio de un párrafo son:

a.

b.

c.

d.

e.

Obsérvese cuidadosamente el siguiente ejemplo de un mensaje expositivo.

Texto: Proverbios 30:7-9

Tema: AGUR PIDE QUE DIOS ORDENE SU VIDA

I. Agur pide que se remueva todo obstáculo a una vida ordenada (v. 8)

    A. Aunque la lengua es don divino para la comunicación, es capaz de una soberbia que puede desviar al sabio del camino (v. 8a)

        1. La lengua (el falso testimonio) es capaz de hacerle al hombre desafiar a Dios (Pr. 6:16, 19; 30:6)

        2. La lengua es capaz de destruir al prójimo (Lv. 19:16)

        3. La lengua es capaz de bendecir y de maldecir (Stg. 3:9)

    B. La pobreza y la riqueza pueden contribuir al desorden en la vida (v. 8b)

        1. La pobreza puede ser producto de la injusticia (Pr. 13:23) y puede producir la vagancia (Pr. 6:10, 11)

        2. La riqueza puede ser el producto de la injusticia (Pr. 13:23) y puede sembrar una falsa seguridad (Pr. 18:11)

        3. Ambas, la pobreza y la riqueza, pueden contribuir al desorden por las consecuencias que susciten (transición)

II. La petición de Agur reconoce las consecuencias del exceso: la soberbia (v. 9)

    A. El problema de la riqueza no es lo que se hace con ella, sino que el saciarse de ella es una tentación para negar a Dios (v. 9a, b)

        1. Negar a Dios es hablar falsamente (v. 9b)

        2. Negar a Dios es reclamar la libertad de Dios (Sal. 14:1)

        3. Negar a Dios es la respuesta del necio (Sal. 14:1)

    B. El problema de la pobreza no es el dolor del hambre ni la humillación que la acompaña (que tantas veces conduce a una falsa solidaridad de parte de los ricos), sino es la tentación de blasfemar a Dios (v. 9c, d)

        1. Blasfemar es tomar para sí lo que no le corresponde (Lo que Adán y Eva hicieron en el huerto.)

        2. Blasfemar es tomar en vano el nombre de Dios (v. 8a)

        3. El blasfemar le conduce a uno a robarle al prójimo lo que Dios le ha dado

        4. Blasfemar es negar a Dios y es, por lo tanto, la respuesta del necio (Sal. 14:1)

    C. El problema de la riqueza y de la pobreza es que las dos fácilmente nos conducen a negar a Dios, a una falsa idea sobre la realidad de la vida, y así a la negación del orden de Dios para la buena vida

III. Agur pide que Dios ordene su vida (8c)

    A. El pan de cada día, dado cada día, es el buen orden divino para la vida

        1. Dios es el Distribuidor de todos los dones (la comida, bienes, etc.)

        2 Dios tiene el poder de rescatar al hombre de la soberbia (los excesos)

    B. La petición para el orden divino está enfocado en ésta vida (v. 7c)

        1. El orden divino de la vida capacita al hombre para enfocar su vida primordialmente en el servicio del reino de Dios (Mt. 6:33)

        2. El orden de Dios en la vida trae la felicidad dentro del fracaso de la vida humana pecaminosa (1 Ti. 6:6-8)

3. En la página 18 de la lección 2, usted ya trabajó en el pasaje de Lucas 15:1-7. Repase este trabajo que usted ya hizo, y después en la siguiente página elabore usted el tema, la introducción y las divisiones del cuerpo de un sermón basado en este pasaje. Presente su trabajo en clase.

Texto: Lucas 15:1-7

Tema:

Introducción:

Divisiones del cuerpo del sermón:

4. En la página 35 de la lección 4, usted trabajó con otro párrafo bíblico. Se trata de Isaías 9:1-7. En esa ocasión usted elaboró un tema para un sermón. Utilizando el tema que usted ya elaboró, desarrolle ahora las divisiones del cuerpo del sermón, así como la introducción.

Texto: Isaías 9:1-7

Tema:

Introducción:

Divisiones del cuerpo

B. EL ESTUDIO DE UN CAPITULO

No es difícil comprender qué es un capítulo, puesto que la Biblia tiene bien claras estas divisiones. Sin embargo, hay que considerar que cuando se hizo la separación de los capítulos de la Biblia, no se tomó muy en cuenta dividirla de acuerdo a párrafos o a asuntos como unidades. Por eso, algunas veces en que se quiera hacer un sermón basado en una porción más amplia que un solo párrafo, se tendrá que abarcar dos capítulos juntos, en vez de uno solo. Un ejemplo sería Romanos 12 y 13. Los dos capítulos juntos forman un solo párrafo. Al separarlos dejaría la idea del apóstol Pablo incompleta. Para lograr un buen mensaje de un capítulo (o dos, según el caso), nótese los siguientes pasos que se deben dar.

1. Hay que leerlo y estudiarlo cuidadosamente repetidas veces.

2. Determine los diferentes párrafos en que está dividido, dándole un nombre a cada uno. Este título del párrafo debe abarcar o contener la idea principal que une a los diferentes versículos.

3. Analice cuidadosamente cada párrafo, tal como ya se indicó en el estudio de un solo versículo. En una hoja de papel se deben anotar todas las ideas con relación al párrafo. Estas ideas casi siempre van surgiendo durante el estudio.

4. Una todo el capítulo con un tema o título general. Este debe servir para el tema del mensaje y encerrará el contenido global del capítulo. Por supuesto que cada uno de estos subtítulos estará sujeto a modificaciones, a medida que se perfecciona el estudio, especialmente en la forma de expresar las ideas.

5. Con base en todo este material recolectado, que de seguro será abundante, se pasará al arreglo final de las subdivisiones y demás material que demanda un buen mensaje.

5. Ahora, elabore usted el tema, la introducción y las divisiones para un sermón sobre 1 Corintios 13.

   Texto: 1 Corintios 13

   Tema:

   Introducción:

   Divisiones del cuerpo:

C. EL ESTUDIO DE UN LIBRO

Cuando se hace un sermón extraído de todo un libro, lo importante es poner énfasis en las verdades principales en él contenidas. Hay libros que se prestan, más que otros, para sacar de ellos un sermón. También, uno puede sacar un solo sermón o varios de un solo libro. Los libros como Jonás, Rut y Ester son los que mejor se prestan para este tipo de mensaje, puesto que el libro en su totalidad se propone comunicar un sólo mensaje. Lo mismo podemos decir de Job. También pueden ser muy útiles, para este tipo de sermones, los libros proféticos cortos al igual que algunas epístolas cortas del Nuevo Testamento. Sin embargo, con dedicación y práctica, cualquier libro de la Biblia puede sernos útil para dedicar un buen tiempo al estudio, y poder presentar un mensaje basado en todo un libro. Además de que es útil, es un incentivo para que los oyentes deseen leer los libros enteros de la Biblia.

6. El sermón basado en todo un libro de la Biblia debe estar orientado:

   ____ a. según las verdades principales contenidas en el libro.

   ____ b. para apoyar las características de la denominación.

   ____ c. siempre para convertir a los paganos a Cristo, porque la predicación no tiene otro propósito.

He aquí los pasos en el estudio de un libro.

1. Se debe leer varias veces el libro, para tener un concepto claro de su contenido.

2. Se pasará a examinar, lo más completo posible, su historia. Para esto, recordemos, que debemos echar mano de comentarios y diccionarios bíblicos.

3. Hay que hacer el análisis del libro, investigando cuál es el tema principal del libro, y cuáles son sus divisiones principales.

4. Se debe hacer un resumen del contenido total, basándolo en el tema y las divisiones.

Un buen número de predicadores hoy día están recomendando la predicación expositiva como la mejor según su criterio. Ellos creen que se ciñe mejor el mensaje bíblico, y por lo tanto ofrece un verdadero alimento sólido, y nutre mucho mejor la vida espiritual de las congregaciones.

7. Elabore el tema, la introducción y las divisiones del cuerpo de un sermón basado en el libro de Rut. Presente su trabajo en clase.

Texto: Libro de Rut

Tema:

Introducción:

Divisiones del cuerpo:

AUTOEVALUACION

1. ¿Qué es el sermón expositivo?

2. Describa tres métodos para estudiar pasajes más extensos.

   a.

   b.

   c.

COMO ARREGLAR
LAS DIFERENTES PARTES DEL MENSAJE
LA CONCLUSION

El propósito de esta lección es que el alumno comprenda el uso de la conclusión en un mensaje. Al terminar la lección, el alumno:

1. alistará tres requisitos para una conclusión.
2. enumerará tres maneras de enfocar una conclusión.
3. practicará la elaboración de conclusiones.

INTRODUCCION

Esta es la tercera y última parte del mensaje. Sin ella, el resto del mensaje carecería de valor. Es el broche de oro con el cual se debe remachar el mensaje. Es el blanco al cual apunta todo el resto del mensaje. Son las últimas palabras las que indican si el mensaje ha sido una derrota o un triunfo. Por lo tanto, lo que no se logre en la conclusión, no se obtendrá jamás.

Un director de coro acostumbra decir a los integrantes: "La primera y la última parte de un programa decide en su mayoría el éxito de la presentación". Esta verdad se debe a que los oyentes recuerdan más la primera y la última impresión. Pero tristemente, en la gran mayoría de sermones, la introducción y la conclusión reciben la menor preparación.

Estas verdades deben ser un desafío para que el predicador dé el tiempo y la atención debida que demanda cada parte del mensaje. Su preparación no está terminada mientras no se tiene arreglada una introducción atractiva y una convincente conclusión.

1. Escoja el punto correcto.

____ a. Lo mejor es que cada persona, al escuchar el sermón, haga sus propias conclusiones. Por lo tanto, es mejor terminar el sermón con el último punto de la división del cuerpo del sermón.

____ b. El predicador mismo debe dar la conclusión de las ideas presentadas en el sermón. Sin embargo, lo mejor es no preparar de antemano la conclusión, y dejar que el Espíritu Santo ilumine al predicador a la hora de predicar su sermón.

____ c. La conclusión debe estar tan bien preparada como cualquier otra parte del sermón.

ALGUNOS REQUISITOS

Puesto que esta última parte del mensaje es tan importante, conviene considerar algunos de los requisitos que debe reunir.

A. ESTAR BIEN PREPARADA

La conclusión debe escribirse y aprenderse de memoria. Han de ser enunciados bien seleccionados y correctamente construidos, a fin de estar seguro de que expresan precisamente lo que uno quiere decir. Recuerde que son las últimas palabras las que se grabarán en la mente de los oyentes, y les impulsarán a tomar alguna decisión.

Además, aprender de memoria la conclusión evitará que el predicador no sepa a última hora cómo terminar su sermón, y se dedique a hablar de asuntos ajenos, al llegar a estos momentos tan importantes del sermón.

También se evitará que se extienda demasiado la conclusión, y con ésta el sermón. Las conclusiones prolongadas son una carga para la congregación. Es fastidioso ver y oír a alguien anunciar que pronto va a terminar, y tener que aguantarle todavía por minutos y minutos interminables. La conclusión en ninguna manera es la presentación de un nuevo mensaje. Un profesor del autor, al referirse a los que predican en esta forma, los comparó con una pequeña avioneta que, al llegar al aeropuerto, en lugar de aterrizar definitivamente, prosigue levantándose y descendiendo una y otra vez, lo cual produciría un tremendo trastorno a los pasajeros.

2. Lo ideal con la conclusión es:
   ___ a. escribirla cuidadosamente, y aprenderla de memoria.
   ___ b. dejarla para ver qué se le ocurre a uno a última hora.
   ___ c. la presentación de un nuevo mensaje.

B. SER FLEXIBLE

Esta es parte de la buena preparación. De nada valdría una conclusión que no pudiera adaptarse a las diferentes circunstancias. Pues se perderían grandes oportunidades de rendir almas a los pies de Cristo. Por lo tanto, aunque el mensaje haya sido arreglado especialmente para los creyentes, debe darse una oportunidad en la conclusión, si la oportunidad lo exige, para los inconversos. Lo mismo podemos decir en el caso contrario. Supongamos que hemos preparado un mensaje evangelizador, pero resulta que no llega al culto ninguna persona nueva. Debe estar listo el predicador para una conclusión adecuada para el momento.

3. Que la conclusión debe ser flexible quiere decir que:
   ___ a. pueda hacerse más larga o más corta, según el caso.
   ___ b. jamás hay cómo modificarla.
   ___ c. el predicador debe estar listo, en caso necesario, a variar el enfoque.

C. TENER VARIEDAD

Son muchas las maneras que hay para terminar un mensaje, lo cual evita la monotonía que tanto enfada a los oyentes. Muchos oyentes pierden todo el interés y atención en la conclusión, porque de antemano ya saben la forma rutinaria del predicador para terminar el mensaje. Los oyentes ya saben que el pastor usa siempre, como conclusión, sus textos favoritos que la congregación ya conoce. Otros usan sus gastadas exhortaciones y represiones. A fin de no caer en tan serios peligros, tome en cuenta la diversidad de maneras que hay para hacer una conclusión.

1. Algunas veces es bueno usar una ilustración que resuma el contenido del mensaje y aplique en forma práctica las enseñanzas principales.

2. También se puede emplear una serie de textos bien seleccionados que pongan énfasis en las verdades principales ya expuestas, o una poesía, la estrofa de un himno, o un buen pensamiento.

3. Otras veces puede concluirse con un resumen del mensaje. La repetición o repaso es de gran utilidad para grabar las cosas; pero hay que tener cuidado en que no se convierta en una mera reiteración mecánica de las divisiones principales, y otro mensaje en miniatura. Debe ser el jugo, o la esencia, de la idea central expresada en unas pocas frases bien escogidas que muevan al oyente a pensar seriamente y le animen a tomar una decisión.

4. Que la conclusión debe tener variedad quiere decir que:

_____ a. debe incluir una gran variedad de ideas en la conclusión.

_____ b. el predicador debe evitar terminar todos sus sermones en la misma manera; debe buscar formas nuevas, o diferentes, en cada sermón.

_____ c. en un sermón deben hacerse varias conclusiones.

5. Escriba por lo menos tres maneras de concluir un mensaje.

a.

b.

c.

d. (opcional)

e. (opcional)

6. ¿Cuáles son los tres requisitos estudiados aquí que debe cumplir la conclusión de un mensaje?

a.

b.

c.

MANERAS DE ENFOCAR UNA CONCLUSION

Veamos algunas formas diferentes de enfocar la conclusión de acuerdo con el tipo de sermón que hayamos preparado.

A. HACER DEDUCCIONES

En la conclusión podemos hacer las deducciones o inferencias lógicas que se siguen de lo presentado en el sermón. Ya hemos expuesto nuestras razones o argumentos. Ahora toca, en la conclusión, sacar los aspectos prácticos en deducciones o inferencias útiles. Esto podremos hacerlo tanto en sermones de tipo doctrinal, como en los que enfocan algún problema de orden moral.

7. Una manera de enfocar la conclusión es hacer las deducciones o _____ lógicas del sermón, es decir, sacar los aspectos _____ del sermón.

B. PRESENTAR SUGERENCIAS PRACTICAS

En la conclusión también podemos presentar sugerencias prácticas para la aplicación de los pensamientos presentados durante el desarrollo del sermón. No sería muy bueno que los oyentes salieran con la idea de haber escuchado un bonito sermón, con ideas magníficas, pero que no hubiera manera de llevarlas a la práctica. Al contrario, deben salir pensando que deben poner en práctica lo escuchado, según las sugerencias dadas por el predicador en la conclusión.

8. ¿Qué es lo que queremos que los oyentes piensen después de escuchar un buen sermón?

C. HACER UNA INVITACION

1. A los creyentes

De vez en cuando hay que hacer una invitación a los creyentes a que tomen nuevas decisiones en el camino de su vida cristiana. Es muy útil que el creyente no piense que el día que se convirtió ya adquirió la plenitud de la vida cristiana.

Hay algunos cristianos que creen que el bautismo es algo así como la certificación de que ya son unos cristianos acabados y nada les falta por completar en su vida espiritual y moral. No hay nada más falso que esto, y por eso es bueno hacer sermones que apelen a los cristianos a nuevas e importantes decisiones en el transcurso de su carrera por la vida cristiana.

2. A los inconversos

En los sermones de evangelización debe hacerse una clara invitación. Para muchos evangélicos esta es una parte muy importante del mensaje. De nada valdría convencer la voluntad y la mente, sin darle la oportunidad de expresarse. Es el momento en que se conduce a los oyentes a los pies de Jesucristo. El que esto escribe está convencido de que este tiempo debe estar acompañado de solemnidad y seriedad. Son los hermosos minutos cuando el Espíritu Santo está convenciendo a los oyentes, y muy posiblemente también transformando vidas. En tal ocasión, en el cielo mismo se hacen preparativos para la gran fiesta de las almas vueltas al redil. Por lo tanto, los creyentes deben permanecer en silencio, intercediendo ante Dios por los inconversos.

Es preferible que la invitación sea positiva. En lugar de preguntar "¿No habrá alguno que desea recibir a Cristo?" o "¿Ninguno de ustedes quiere aceptar al Señor?", se debe preguntar "¿Cuántos anhelan recibir al Señor?" o "¿Cuántos desean ser transformados por Jesucristo?" Es bueno tener presente que en ninguna manera debe prolongarse la invitación más tiempo que el sermón mismo. La invitación debe ser clara, sencilla, y corta.

9. A veces en la conclusión se debe hacer una invitación a los creyentes a que ellos _____
_____ .

10. En los sermones evangelísticos se debe hacer una invitación a los _____ .

11. La invitación debe ser:

a.

b.

c.

12. ¿Cuáles son las tres maneras que hemos estudiado de cómo enfocar la conclusión de un sermón?

a.

b.

c.

LA PRACTICA

13. Elabore usted una conclusión apropiada para el sermón en el que usted ha trabajado en la página 71, pregunta 3 de la lección 9. Desarrolle usted la conclusión como una invitación de tipo evangelizador.

14. Desarrolle usted, en el espacio a continuación, una conclusión para el ejemplo de bosquejo proporcionado en la página 74, pregunta 7 de la lección 9. Haga una conclusión de invitación para un grupo de creyentes. Debería ser una invitación para afrontar con valor una situación difícil.

15. Escriba a continuación la conclusión para el sermón que usted ha elaborado en la página 72, pregunta 4 de la lección 9. Presente dos o tres, no más, deducciones o inferencias lógicas que serán la conclusión de la presentación de ese sermón.

16. Escriba a continuación la conclusión para el sermón que usted ha desarrollado en la página 73, pregunta 5 de la lección 9. Presente sugerencias prácticas para poder cumplir con lo que se presenta en dicho sermón.

17. Escriba la conclusión para el sermón en el que usted trabajó en la página 67, pregunta 12 de la lección 8. Haga la conclusión que usted estime más pertinente.

18. ¿Qué tipo de conclusión desarrolló usted en el ejercicio anterior?

Al estar consciente de que el mensaje dado por Dios está plenamente arreglado, sólo basta que llegue el momento para presentarlo. Póngase usted, con el mensaje que ha de presentar, en las manos de Dios a fin de que se cumplan las palabras del Señor:

Porque como desciende de los cielos la lluvia y la nieve, y no vuelve allá, sino que riega la tierra, y la hace germinar y producir, y da semilla al que siembra, y pan al que come, así será mi palabra que sale de mi boca; no volverá a mí vacía, sino que hará lo que yo quiero, y será prosperada en aquello para que la envié (Is. 55:10, 11).

AUTOEVALUACION

1. Aliste tres requisitos para una conclusión.

    a.

    b.

    c.

2. Enumere tres maneras de enfocar una conclusión.

    a.

    b.

    c.

LA PREPARACION DEL PREDICADOR Y LOS METODOS PARA PRESENTAR EL MENSAJE

El propósito de esta lección es que el alumno estudie cómo debe prepararse el predicador y los métodos para presentar el mensaje. Al terminar la lección, el alumno:

1. describirá cuatro elementos importantes en su preparación como predicador.
2. nombrará tres métodos de cómo presentar el mensaje.
3. dará por lo menos dos ventajas de cada método.
4. describirá cuatro reglas del uso de la voz.
5. expondrá sobre tres principios en cuanto a los ademanes.

LA PREPARACION DEL PREDICADOR

Antes de presentarse o comunicarse el mensaje a los oyentes, éste mismo está ardiendo como una llama en la mente y corazón del predicador. Dicho mensaje divino no puede quedarse encerrado en el predicador. Debe esparcirse y producir los efectos que Dios desea.

El predicador es el instrumento que Dios usa para comunicar su mensaje. Por esto necesita estar bien preparado en todo aspecto, a fin de que Dios pueda manifestarse, sin impedimento, por medio de él.

1. El predicador debe estar bien preparado porque: (Marque más de una respuesta.)
    , _X_ a. es el instrumento que Dios usa para comunicar su mensaje.
    ___ b. así puede impresionar a los oyentes con su preparación.
    _X_ c. así Dios puede manifestarse por medio de él.
    , ___ d. quiere presentar un mensaje gramaticalmente correcto.

A. EL ARREGLO HOMILETICO DEL SERMON YA ESTA LISTO

La presentación de un buen mensaje debe durar por lo menos 20 minutos. Esta demanda horas de intenso trabajo para su preparación. Cada una de las partes: el propósito, el tema, el texto, la introducción, el cuerpo y la conclusión, debe estar perfectamente arreglada. Es bueno ir al púlpito sin ninguna duda en ninguna de las partes del mensaje. Todo debe estar ya listo; pues es ridículo observar a un predicador arreglar su sermón minutos antes de pasar al púlpito. Demuestra descuido, desorden y falta de responsabilidad. Es falta de respeto a Dios y a la congregación, además revela un concepto muy bajo de la dignidad de la predicación. El siervo de Dios puede trazar bien la Palabra de verdad únicamente cuando ha sido responsable en dedicar el suficiente tiempo a la preparación del mensaje.

Una vez que el predicador tiene todo listo y cada parte arreglada, para lograr una mejor presentación es necesario practicar la presentación del sermón en un cuarto a solas.

2. Cada una de las partes del sermón debe estar preparada bien. Estas partes son:

a.

b.

c.

d.

e.

f.

3. Un buen sermón dura por lo menos __*10*__ minutos.

4. Al tener preparado todo del sermón, el predicador:

____ a. ya está listo para subir al púlpito.

__X__ b. debe practicar la presentación del mensaje en un cuarto a solas.

____ c. todavía debe tener miedo por tener que predicarlo.

B. EL PREDICADOR HA DEDICADO SUFICIENTE TIEMPO A LA ORACION

La oración debe ocupar el primer lugar en importancia en el arreglo y presentación del mensaje. Hay que orar para pedir a Dios el mensaje, orar para pedir sabiduría durante la preparación, orar para reclamar el poder divino para la presentación, orar durante la presentación, y por fin, orar para dar gracias al Señor por el mensaje entregado a la congregación.

5. ¿Por cuáles cosas debe orar el predicador en el arreglo y presentación del mensaje?

a.

b.

c.

d.

e.

Solamente el predicador que ha pasado horas en comunión con Dios puede presentarse ante sus oyentes ungido con su poder. Los resultados que perduran son el resultado de una cuidadosa preparación saturada de oración.

1. Orar por sí mismo

En los momentos de oración, el predicador ha de pedir, en primer lugar, por sí mismo. Ha de pedir sabiduría a fin de presentar las verdades eternas de Dios a la congregación. Ha de pedir humildad para reconocer que apenas ha sido un instrumento utilizado por Dios para llegar a su pueblo. Ha de pedir comprensión y amor, a fin de llegar al corazón de los hermanos de la iglesia en un espíritu saludable.

2. Orar por los oyentes

En segundo lugar, ha de orar por las personas que han de escuchar el mensaje, a fin de que sea Dios El que manifieste al orador las necesidades reales de la iglesia. Ha de pedir para que Dios prepare los corazones, disponga el entendimiento y mueva la voluntad de acuerdo a los propósitos divinos. Ha de pedir sabiduría para cada uno de los miembros de la iglesia, a fin de que ellos también puedan discernir lo que es el mensaje de Dios, y lo que pudiera ser mero razonamiento del predicador.

Debemos reconocer que aunque oramos a Dios para ser meros instrumentos en sus manos, no deja de intervenir nuestra mente con sus prejuicios. Esta actitud nos hará predicadores humildes con los pies en el suelo, y no orgullosos pretendiendo ser los únicos que tienen la verdad y el privilegio como mensajeros de Dios.

6. ¿Por quiénes debe orar el predicador?

   a.

   b.

7. ¿Qué debe pedir para sí mismo?

8. ¿Qué debe pedir para los oyentes?

9. Al preparar sus sermones, ¿usted siempre ora por sí mismo y por los oyentes?

C. DEBE TENER UN TIEMPO DE DESCANSO FISICO Y MENTAL

El descanso físico puede lograrse mediante unos momentos de quietud o de sueño. El descanso mental se puede obtener por varios medios. Por ejemplo, haga lectura de una revista o libro, preferiblemente algo que no demande esfuerzo mental. Es aconsejable la lectura de una novela, una biografía, etc. También ayuda una caminata, un paseo. Sirve todo aquello que aleje la mente de las ideas del mensaje.

10. ¿Cómo descansa usted física y mentalmente?

D. DEBE TENER UN BUEN ARREGLO DE SU APARIENCIA FISICA

Es vergonzoso ver predicadores en el púlpito mal presentados. Un cuerpo limpio, un vestido bien arreglado, es decir, limpio y bien planchado, zapatos lustrados, barba rasurada y cabello bien peinado son requisitos indispensables para el que va a ocupar ese sagrado lugar. La dignidad del ministro en la predicación, el respeto a los oyentes, y la presencia de Dios en toda su pureza demandan estas cosas.

11. ¿Qué piensa cuando ve a un predicador en el púlpito mal presentado?

METODOS PARA PRESENTAR EL MENSAJE

Mucho se ha discutido sobre cuál podría ser el mejor método para lograr una presentación eficaz. Pero esto varía de acuerdo con las circunstancias, y según el deseo de cada predicador. Algunos predicadores han tenido éxito en la lectura, otros en la recitación, otros en la improvisación, y algunos han utilizado los tres sistemas.

12. Los tres sistemas de presentar el mensaje son:

a.

b.

c.

Esta sección tiene como fin presentar las ventajas que tiene cada método. Así se ofrece al estudiante la posibilidad de utilizar el preferido para él, y, a la vez, el que se adapte mejor a sus oyentes.

A. LA LECTURA DEL MENSAJE

Este método consiste en escribir el contenido del sermón, y luego, después de practicarlo repetidas veces, leerlo ante la congregación. He aquí las ventajas de este método.

1. Se logra una preparación más detallada y pulida del sermón

En lugar de arreglar solamente las ideas principales y el plan general, también se le ofrece atención cuidadosa a la forma y lenguaje de cada pensamiento. En lecciones anteriores se dijo que es conveniente escribir completamente el propósito, la introducción y la conclusión del mensaje. Pero según este método, hay que escribir todo el sermón. Por esta razón, este método demanda más trabajo. Comúnmente, un sermón que dura unos veinte minutos requiere alrededor de unas nueve páginas escritas a máquina, a doble espacio. Una lectura a ritmo normal ocupa dos minutos y medio por hoja.

Una vez escrito el primer borrador, se pueden corregir las posibles faltas gramaticales y buscar las mejores frases para decir precisamente lo que se piensa. La elegancia del lenguaje se puede perfeccionar y pulir, pues hay tiempo suficiente. Es por esto que algunos predicadores recomiendan este método, principalmente para presentar un sermón ante personas de vasta educación.

13. Si quiere leer todo el sermón, debe tener por lo menos ___*nueve*___ páginas escritas a máquina a doble espacio.

14. Si escribe todo el mensaje, el predicador: (Marque más de una respuesta.)
____ a. puede corregir faltas gramaticales.
____ b. debe memorizarlo y evitar usar lo escrito en su presentación.
____ c. debe buscar las mejores frases para decir precisamente lo que se piensa.
____ d. puede poner una atención cuidadosa al lenguaje de cada pensamiento.
____ e. puede pulir y perfeccionar la elegancia del lenguaje.

2. Desarrolla la capacidad de escribir

El predicador que practica la redacción pule su estilo, mejora su lenguaje y desarrolla la capacidad de pensar con mayor precisión. Es muy útil, y a veces de urgente necesidad en nuestros días, que cada predicador sepa escribir correctamente. Muchos no saben hacerlo porque casi nunca lo han practicado.

Si un predicador no tiene oportunidad de escribir artículos para revistas o folletos, sería muy conveniente que escriba, por lo menos de vez en cuando, uno de sus sermones. Es posible que al principio le sea muy difícil, pero después de algún tiempo de entrenamiento se le hará mas fácil, y alcanzará un estilo más atractivo y una forma más correcta del lenguaje.

15. Es muy importante que el predicador sepa escribir correctamente. Por eso, sería muy conveniente que escribiera a veces uno de sus ___*sermones*___.

3. Proporciona más confianza

Algunos predicadores, especialmente los principiantes, se sienten muy nerviosos, principalmente al empezar su sermón. Pero cuando se tiene un sermón escrito, desaparece en gran parte esta desconfianza. No tiene que pensar improvisadamente, pues tiene todo escrito delante de sí. Lo importante es que lea clara y correctamente.

16. Si tiene su sermón escrito, el predicador principiante puede estar en el púlpito sin _____, sino con _____.

4. Puede predicarse otra vez, y no requiere nuevamente de una preparación completa

Un mismo sermón puede predicarse varias veces en diferentes lugares. Lo importante es que se dedique un tiempo al repaso de su contenido, hasta que nuevamente se sienta en la mente y corazón. No es necesario cambiar algunas ideas, ilustraciones o pensamientos. Esto sí requeriría nuevo trabajo.

Además, es una ventaja tener sermones escritos, pues de vez en cuando un predicador es invitado a última hora. Este método es de gran ayuda en estos casos, lo único que hay que hacer es volver a repasar el sermón, a fin de leerlo en forma fluida.

17. Si lo tiene escrito, un predicador puede predicar el mismo sermón varias veces en diferentes _Lugares_ sin requerir una nueva _____.

18. Escriba a continuación las cuatro ventajas aquí mencionadas de escribir un sermón para leerlo. Si no las recuerda, repase esta sección y después escríbalas.

    a.

    b.

    c.

    d.

B. LA RECITACION DEL SERMON

Al igual que el método anterior, éste también exige que se escriba todo el contenido del mensaje. Pero además, hay que memorizarlo para luego pronunciarlo, así memorizado, a la congregación. Presenta las mismas ventajas del anterior, y dos más, de manera que hacen un total de seis ventajas. Estas dos más son:

1. Desarrolla en el predicador la capacidad de memorizar

El aprender de memoria el contenido de unas ocho a doce páginas a doble espacio (depende de la velocidad a que el predicador en particular hable) puede ser un trabajo bastante pesado. Sin embargo, la mente se irá entrenando, hasta que poco a poco le será más fácil hacerlo.

La práctica de memorizar es algo que pocas personas toman en cuenta. Pero una mente bien entrenada en este aspecto puede acumular fácilmente muchos datos de interés. Por lo menos el predicador recordará ilustraciones, versículos y pensamientos de personajes famosos que haya incluido en el sermón.

19. ¿El aprender de memoria todo un sermón es fácil? Sí ____ No ____. Defienda su respuesta.

2. Permite una comunicación más directa

En el método anterior, la mayoría del tiempo hay que permanecer con los ojos fijos en las hojas escritas, a menos que se haya repasado tanto que casi se conozca de memoria. En cambio, este método permite relacionarse directamente con los oyentes todo el tiempo. Y esta es una ventaja muy importante, pues generalmente se prefiere a un orador o predicador que mira a sus oyentes.

Sin embargo, una combinación de ambos métodos ofrece mayores garantías. Pues además de memorizarlo, conviene llevar las hojas al púlpito, para recurrir a ellas en caso de algún olvido.

20. En la lectura del sermón, el predicador mayormente ve a las hojas escritas, pero si tiene memorizado el mensaje, puede ver a los _Oyentes_.

21. Sin echar una mirada a lo antes leído, escriba a continuación las seis ventajas del método de recitar el sermón. Si no recuerde todas, repáselas antes de contestar.

a.

b.

c.

d.

e.

f.

C. LA IMPROVISACION DEL MENSAJE

En este caso, el predicador tiene que redactar únicamente la introducción y la conclusión. En cuanto al resto del sermón, sólo se anotan las divisiones principales, que incluyen las ideas básicas, así como las anotaciones de las ilustraciones que va a utilizar. Todo podrá estar incluido en una sola hoja de papel. Será mucho mejor si se memoriza este resumen del sermón, que generalmente se llama bosquejo. Será bueno llevar la hoja de papel al púlpito, para recurrir a ella en caso de necesidad.

Nótese a continuación las ventajas que este método ofrece, al referirnos al uso de notas o bosquejo.

1. Ejercita al predicador a pensar improvisadamente

Como no se puede depender exclusivamente de unas notas, el predicador se ve obligado a desarrollar o ampliar el resumen que tiene en su bosquejo. Hay que pensar que de una sola página se debe predicar o presentar el mensaje que durará por lo menos veinte minutos.

22. Cuando el predicador se depende de un bosquejo en lugar de notas completas, tiene que:
_____ a. hablar de cualquier tema que se le ocurre.
__X__ b. pensar y desarrollar el resumen que tiene en su bosquejo.
_____ c. leer la Biblia para llenar el tiempo.

2. Permite una comunicación más directa y eficaz

En lugar de estar pegado al papel, o estar con la atención puesta en el interior de la mente para recordar lo memorizado, se tiene la libertad de mirar al público, y estar presente en una especie de diálogo con él. Pues las reacciones del público son las que equivalen a la participación del público en este diálogo, ya sea aprobando o desaprobando lo dicho. Muchas veces las reacciones del público pueden hacer cambiar el rumbo predeterminado del sermón.

23. Por no estar pegado a sus hojas con el sermón escrito, el predicador puede mirar a los oyentes y así hay una comunicación más _directa_ y _Epicas_.

3. Permite emplear los bosquejos repetidas veces

Los mensajes predicados deben conservarse en carpetas o archivos dedicados para ello, a fin de que se puedan emplear nuevamente en situaciones propicias. Cuando se tiene de antemano un bosquejo, el relleno del mismo puede adaptarse al tipo de público que en determinada ocasión se tiene. Esto le da mayor flexibilidad cuando se presente el mismo sermón en varios lugares. Los grandes evangelizadores utilizan un mismo mensaje repetidas veces con buenos resultados. Sin embargo, cada nueva presentación requiere nuevo tiempo de estudio y oración. Sin esto, el predicador se verá imposibilitado para predicar su sermón con confianza. No será más que una pieza oratoria carente de belleza y valor.

24. Cuando se tiene un bosquejo de un sermón:
__X__ a. puede adaptarse al tipo de oyentes que en determinada situación se tiene.
_____ b. puede usarse varias veces sin requerir nuevo tiempo de estudio y oración.
_____ c. puede usarse sólo una vez porque ya no sirve para otras ocasiones.

25. Anote a continuación las ventajas del método de improvisar el mensaje.

    a.

    b.

    c.

EL USO DE LA VOZ

Ahora vamos a referirnos brevemente al uso de los medios naturales de la comunicación. Una comunicación eficaz demanda el uso de todas las facultades mentales y físicas. Nos comunicamos por medio de la palabra hablada y escrita, así como por medio de movimientos del cuerpo.

En este caso nos interesa la palabra hablada y los ademanes. Por lo tanto es necesario estudiar algunos principios sobre cómo usar estos medios naturales que Dios nos ha delegado, y así aplicarlos en la correcta comunicación del mensaje.

La voz es el principal medio para comunicarnos. Por medio de la voz podemos expresar sorpresa, alegría, tristeza, disgusto y otros estados emocionales. Por lo tanto, es bueno considerar las cualidades que se deben reunir.

26. Marque las frases que indican los medios naturales de la comunicación mencionados en esta sección.

    X a. La voz.
    X b. Las palabras escritas.
    ___ c. Las películas.
    X d. Los movimientos del cuerpo.

27. El principal medio de comunicación es _La voz_ .

A. DEBE SER CLARA

Es indispensable que los oyentes entiendan claramente lo que está diciendo el predicador. Si no, el tiempo se ha perdido, y nunca se convencerán. Volverán a sus casas con sus corazones vacíos. Entonces, para lograr una voz clara, es necesario considerar los siguientes factores:

1. La respiración

   Primeramente, hay que mantener una correcta respiración. De lo contrario habrá tonos chillones y ásperos, y además, muy pronto se sentirá fatigado de la garganta el predicador. El hecho es que para hablar fuerte o en voz alta, al no saber usar correctamente la respiración, se esfuerza demasiado la garganta y pronto vienen los dolores y con ellos la pérdida de la voz. Para evitar esto hay que mantener la garganta relajada y bien abierta, permitiendo que el aire salga libremente a través de ella.

   Aquí se sugieren algunos ejercicios para mejorar este aspecto.

   a. Provoque el bostezo repetidas veces. En medio de él, empiece a producir vocales.

   b. También se puede acostar boca arriba y respirar profundamente. Se observará que las costillas ceden lentamente, permitiendo que se llegue a la amplitud de la caja torácica. Luego, es conveniente sostener por un tiempo determinado el aire, y a medida que sale lentamente, comenzar a contar: uno, dos, tres, cuatro, etc. También se pueden repetir frases mientras se va soltando lentamente el aire.

   c. Además se recomienda respirar profundo, y mientras se va soltando lentamente el aire, se lee el Salmo 1 o el 23, sin volver a tomar aire. Al principio, el aire no alcanzará para terminar el Salmo, pero con la práctica, el aire alcanzará para leerlo todo.

28. El primer factor en tener una voz clara es la _respiración_ .

29. Practique los tres ejercicios para mejorar la respiración y anote sus observaciones y reacciones.

2. La articulación

El segundo principio importante para una voz clara es la articulación, o pronunciación de las palabras. Muchas personas tienen problemas para pronunciar correctamente las palabras. Para adquirir una buena articulación de las palabras se recomienda ejercitar trabalenguas. He aquí algunos. Practique leyendo lentamente al principio, pero pronunciando cada letra con claridad, y en especial las vocales. Cada una de ellas debe pronunciarse claramente. Después aumente la rapidez, pronunciando siempre en forma clara.

a. A Juan Crima le dio grima, al quemarse ayer con crema. Si la comes por encima, y tiene razón Zulema, mucha crema, mucha grima.

b. Tras tres tragos y otros tres, y otros tres; tras los tres tragos, trato y trago con estragos. Trepo intrépido al través, travesuras de entremés; trámpolas, tramo y tragón; treinta y tres tragos de ron, tras trozos de trucha estremo tris, tres, tres, los truene, tron trin tran, trun, torrontron.

c. Paco Peco, chico rico, insultaba como un loco a su tío Federico; y éste le dijo: Poco a poco, Paco Peco, poco pido.

Practique estos ejercicios y otros semejantes, diariamente, hasta que se adquiera claridad. No se olvide de pronunciar claramente cada letra, y en especial las vocales.

30. El segundo factor en tener una voz clara es la _____.

31. Practique los tres trabalenguas dados arriba y conteste las siguientes preguntas.

a. ¿Qué le pasó la primera vez que trató de repetirlos rápidamente?

b. ¿Qué le pasó después de haberlos practicado diez veces (en comparación con la primera vez)?

B. DEBE ADAPTARSE A CADA LUGAR

Si el local o templo es pequeño, es preferible hablar suavemente. De lo contrario se corre el peligro de lastimar los oídos de los oyentes, pero no tan suave que no escuche el que está sentado en la última banca. Debe llenarse el local con la voz, pero evitar que el sonido haga eco, o retumbe. Si el local es grande, hay que hablar fuerte para alcanzar a los que están sentados en las últimas bancas.

Hablar fuerte no quiere decir gritar. Más que gritar, o forzar la garganta, hay que saber enviar la voz hasta la última persona que está en el recinto.

Para obtener una voz que sin demasiado esfuerzo alcance la mayor extensión, hay que cultivar lo que se llama la resonancia. Esto se consigue haciendo que los sonidos se proyecten hacia las cavidades naturales del cráneo, que están en contacto con la garganta. Impulsando el sonido hacia el velo del paladar, pronuncia la M, abriendo la boca a intervalos.

Se puede hacer lo mismo con los siguientes sonidos:

sammmm	mammmm	cammmmmmm	tammmmmmm
lammmmm	pinnnng	mannnng	punnng

Luego también se puede repetir alternadamente con las vocales: mini, mana, mene, ... ama, seme, etc.

32. Si el local es pequeño, es mejor hablar:
    ___ a. fuertemente.
    _X_ b. suavemente.

33. Lo importante en cuanto al tamaño del local es:
    ___ a. hablar lo más fuerte posible.
    ___ b. gritar, si es un local grande.
    _X_ c. llenarlo con la voz.

C. DEBE USAR VARIEDAD

Una voz monótona, o sea, en un mismo tono todo el tiempo, cansa a los oyentes. No siempre se pone énfasis en una palabra levantando el tono de la voz. El énfasis se puede dar también hablando lentamente, con rapidez, o aun por medio de un corto silencio. Entonces, en la predicación, según el énfasis que se necesite, se debe aumentar o reducir ya sea el volumen o la rapidez de la voz y las palabras.

34. Mencione tres maneras de usar la voz para dar énfasis a una palabra o idea.

    a.

    b.

    c.

D. DEBE SER NATURAL

Jamás se debe tratar de demostrar la elocuencia usando un determinado tono afectado, creyendo que existiera un **tono ministerial**. Es preferible usar el mismo estilo de voz que se emplea en la conversación corriente.

35. En la predicación se debe usar:
    ___ a. un tono afectado.
    _X_ b. la misma voz que se usa en la conversación.
    ___ c. muchos gritos.

36. Escriba en el espacio a continuación los dos factores mencionados aquí para la voz clara.
    a. _la respiración_
    b.

37. Mencione las cuatro características de una buena voz.

a.

b.

c.

d.

LOS ADEMANES

Aquí se incluyen todos los movimientos adecuados del cuerpo. Este es otro importante medio de comunicación. Antes de poder hablar, el niño expresa sus deseos por medio de ademanes. Pero también es importante tomar en cuenta ciertos principios para hacer uso correcto de ellos en la comunicación del mensaje.

A. LA EXPRESION DEL ROSTRO

Esto incluye especialmente los gestos de la cara, incluyendo los ojos. La manera de mirar a otra persona expresa muchos estados de ánimo. Bien puede ser amor, odio, compasión, venganza, vergüenza, angustia, etc. En el mensaje todo esto puede ser expresado, ya sea al relatar las ilustraciones o al expresar un pensamiento. De ahí procede la importancia de establecer pleno contacto entre los ojos del predicador y los de los oyentes.

Lo mismo puede decirse en cuanto a la expresión del resto de la cara. Sonrisa, seriedad, angustia, todo ello contribuye para mantener la atención. Pero es necesario que tales ademanes vayan en armonía con los pensamientos expresados. Sería incorrecto sonreír al estar hablando de la seriedad del pecado o del castigo eterno; o demostrar angustia al hablar de la paz y tranquilidad que proporciona el vivir en el evangelio.

38. Mencione algunas emociones que puede expresarse por medio de la cara.

39. ¿Qué emociones debe expresarse al hablar de:

a. el pecado?

b. la paz cristiana?

c. el castigo eterno?

B. LA POSICION DEL CUERPO

Por medio de los movimientos de las manos, o de la inclinación y demás movimientos del cuerpo, se puede ayudar a expresar mejor una verdad. Pero es difícil dar una regla fija de cómo debe ejecutarse cada una de las acciones. Esto varía mucho con cada individuo. Lo importante es que la persona sea natural, pues el imitar a otros resulta muy chocante.

Sin embargo, hay algunos asuntos importantes en general que deben considerarse. Es preferible que el cuerpo permanezca algo recto, sin inclinarse demasiado a un lado o al otro. Hay que evitar el balanceo constante, así como el recostarse en el púlpito.

40. En cuanto a los movimientos, lo importante es que:
  ___ a. se imite a otras personas.
  _✗_ b. la persona sea natural.
  ___ c. siempre esté moviéndose.

C. EL USO DE LAS MANOS

Cada movimiento debe estar en armonía con algo que se desea decir. Los movimientos carentes de objeto alguno, en lugar de ayudar, distraen a los oyentes. Muchas veces se golpea fuertemente el púlpito, al poner énfasis una verdad. Sin embargo, no es de buen gusto hacerlo. Mientras no se ocupen las manos para un ademán, es preferible que permanezcan en quietud. Es mal visto mantener las manos en los bolsillos, o utilizarlas para jugar con los botones, las llaves, los bigotes, las orejas o cualquier otro objeto.

La clave de todos los ademanes es que sean naturales y que tengan un propósito definido cada uno.

41. ¿Qué debe hacerse con las manos cuando no se ocupen para hacer ademanes?

42. ¿Es bueno golpear fuertemente el púlpito? Sí ___ No _✗_ ¿Por qué?

43. Escriba los tres aspectos estudiados sobre el uso de ademanes.
  a.
  b.
  c.

Todas las reglas homiléticas hasta ahora estudiadas sólo son una pequeña introducción a la homilética. El autor aconseja a cada uno de los estudiantes profundizar, leyendo otros libros sobre el asunto, a fin de tener un conocimiento más amplio para llegar a ser buenos predicadores.

Además, el éxito de la predicación no se encuentra sólo en el estudio y aplicación correcta de la homilética, sino en el poder de Dios. Unicamente el hombre lleno del Espíritu Santo y de una vida profunda de oración comunicará bien el mensaje de Dios. La iglesia crecerá espiritualmente y los pecadores vendrán arrepentidos a los pies de Cristo. Entonces el predicador de Dios podrá decir con Pablo:

Y ni mi palabra ni mi predicación fue con palabras persuasivas de humana sabiduría, sino con demostración del Espíritu y de poder, para que vuestra fe no esté fundada en la sabiduría de los hombres, sino en el poder de Dios (1 Co. 2:4, 5).

AUTOEVALUACION

1. Describa cuatro elementos importantes en su preparación como predicador.

   a.

   b.

   c.

   d.

2. Nombre tres métodos de cómo presentar el mensaje y dé dos ventajas de cada método.

   a. Método:

   Ventajas: 1)

   2)

   3) (Opcional)

   4) (Opcional)

   b. Método:

   Ventajas: 1)

   2)

   3) (Opcional)

   4) (Opcional)

   5) (Opcional)

   6) (Opcional)

   c. Método:

   Ventajas: 1)

   2)

   3) (Opcional)

3. Describa cuatro reglas del uso de la voz.

   a.

   b.

   c.

   d.

4. Comenta brevemente tres principios en cuanto a los ademanes.

   a.

   b.

   c.

LECCION 1
COMPROBACION

1. c. Es el estudio que nos enseña a preparar y presentar correctamente un mensaje o sermón bíblico, ante un grupo de oyentes.

    Esta es la respuesta correcta puesto que la homilética tiene que ver especialmente con el arte de preparar un mensaje bíblico.

    a. Es el arte de presentar discursos políticos a todo tipo de oyente.

    Esta respuesta es incorrecta debido a que la homilética no trata de asuntos políticos.

    b. Es lo que nos enseña a interpretar adecuadamente la Biblia para poder enseñar a los miembros de la iglesia.

    Esta respuesta tampoco es correcta. Aunque en el estudio de la homilética se hacen uso de algunos principios de interpretación, la ciencia que estudia esto se llama hermeneútica.

2. Dios, Jesucristo.

3. a. selección y organización del material para el mensaje.
   b. mensaje de la Biblia.

4. Para comentar en clase.

5. b. Un mensaje consiste de las grandes verdades que Dios da al predicador por medio de la Biblia, y la comisión que le impone para comunicarlas al pueblo, conforme a sus necesidades.

    Esta es la interpretación correcta de la información, visto que el verdadero mensaje no es lo que el predicador inventa o determina decir por su propia cuenta, sino la presentación de la voluntad de Dios. El fiel predicador deriva sus mensajes de la Biblia y los dirige a las necesidades de los oyentes.

    a. Un mensaje es el resultado de un profundo estudio que hace el predicador, sin la dependencia divina.

    Esta respuesta no puede ser la definición de un mensaje ya que el texto mencionó que el verdadero mensaje es la presentación de la voluntad de Dios, la cual se sabe sólo con la dependencia divina por medio de la meditación y oración.

    c. Un mensaje es un buen artículo que el predicador saca de una revista cristiana, y luego se lo lee a la congregación.

    Esta respuesta tampoco es correcta al entender que el mensaje bíblico es algo que se saca de la Biblia misma.

6. Biblia.

7. Para comentar en clase. Note que es de mayor importancia que el predicador conozca cuáles son las necesidades de su iglesia.

8. Las palabras que usted debería haber subrayado son las siguientes: anunciar, argumentar, enseñar, hablar, proclamar.

9. c. La predicación es el acto de comunicar verbalmente la verdad de Dios al pueblo, con el propósito de que conozcan a Cristo y le sigan fielmente.

    Esta respuesta sí es la correcta, ya que la predicación tiene dos fines principales: traer las personas a Cristo, y así hacer que le conozcan y que le sigan.

    a. La predicación es cualquier sermón o discurso que trate de Dios, aunque no se base en la Biblia.

    Esta respuesta no tiene fundamento. Toda predicación bíblica se basa en la Biblia.

    b. La predicación es el arte de presentar una buena conferencia sobre asuntos morales.

    Esta respuesta tampoco tiene sentido, visto que cuando la predicación se basa en la Biblia, se trata de mucho más que unos asuntos morales. Se trata de los pasados hechos maravillosos de salvación de Dios.

10. Para comentar en clase.

LECCION 2
COMPROBACION

1. Biblia.

2. a. la necesidad de fijar una porción bíblica para cada mensaje.
   b. los métodos para la selección del texto.
   c. la forma correcta para interpretarlo.

3. c. El predicador que base su sermón en un texto bíblico adquiere autoridad porque predica la Palabra de Dios, siempre y cuando esté realmente empapado de las verdades bíblicas, y predique de acuerdo al espíritu total de la Biblia.

   Esta afirmación es la correcta. Note que la segunda parte lleva mucha importancia: para poder adquirir real autoridad, un predicador tiene que tener un enfoque bíblico que refleja la verdad de Dios y no sólo el pensamiento del predicador.

   a. El tener un texto para predicar da autoridad por el solo hecho de que se está predicando un pasaje de las Sagradas Escrituras. El predicador principiante no debe tener temor. Escoja un texto bíblico, y predique. Tenga la seguridad de que predica la voluntad de Dios.

   Esta afirmación **no** tiene razón. Cuando un individuo usa un texto bíblico para exponer un mensaje, está adquiriendo sobre sí un enorme peso de responsabilidad. El fiel predicador tiene que tener mucho cuidado al escoger, exponer, y predicar un texto bíblico para que exponga verdades bíblicas y no sus propios sentimientos.

   b. Para evitar los abusos de algunas personas que usan el texto bíblico como un pretexto, lo mejor es predicar sin usar un texto como base.

   Esta afirmación no puede tener nada que ver con el asunto, ya que es una negación del mismo enfoque de este estudio: **La predicación bíblica**. El predicador del evangelio no puede andar predicando la Biblia si no la menciona de manera específica.

4. b. Cuando se ha preparado adecuadamente un mensaje, el predicador puede mantenerse dentro del tema señalado por el texto bíblico escogido.

   Esta afirmación es la mejor al entender que el tema del mensaje debe estar de acuerdo con el texto y que todas las ideas deben de girar alrededor del mismo.

   a. Es bueno leer un texto bíblico antes de dar el sermón, para conservar la costumbre cristiana, aunque el sermón no tenga nada que ver con el texto leído.

   Esta afirmación **no** tiene razón simple y sencillamente porque la predicación bíblica se trata de predicar principalmente lo que dice la Biblia. El texto bíblico debe de tener un puesto alto.

   c. Un buen predicador puede tener la libertad de apartarse del texto leído. Su calidad de buen predicador le da esta libertad.

   Esta afirmación **no** es la correcta. La **libertad** de apartarse del texto leído dentro de un mensaje no pertenece al predicador de calidad. El tema y el texto siempre deben ser elementos claves del mensaje bíblico. Si usted respondió que esta fuera correcta, vuelva a leer el párrafo anterior.

5. conocer más a fondo la Palabra de Dios, o la Biblia.

6. atención.

7. pasaje o texto, Biblia.

8. a. El texto da autoridad al mensaje.
   b. El texto obliga al predicador a mantenerse dentro del tema.
   c. El texto promueve en la congregación el deseo de conocer y amar la Biblia.
   d. El texto ayuda a captar la atención del oyente.
   e. El texto da confianza al predicador.

9. Las tres respuestas siguientes son correctas:
   a. se acercará a la Biblia con humildad.
   c. se despojará de sus prejuicios.
   d. se esforzará por extraer de la Biblia lo que realmente dice.

   La respuesta b, impondrá sus propias ideas sobre la Biblia, es enteramente contraria a lo que es la predicación bíblica por definición. El predicador debe saber despojarse de sus prejuicios y preconcepciones que tiene respecto a interpretaciones de determinados pasajes de la Biblia.

10. a. Un diccionario bíblico.
    b. Un comentario de las Sagradas Escrituras.
    c. Una concordancia.

11. c. el predicador no debe buscar que la Biblia apoye lo que él cree, sino que debe escudriñar la Biblia para saber qué es lo que debe creer. Esto incluye la consulta y el estudio de otros libros cristianos, como diccionarios bíblicos y comentarios. También debe de estar listo para predicar las verdades que Dios le revela al estudiar la Biblia en un espíritu de oración.

    Esta respuesta es claramente la más sana, amplia y balanceada de las tres. Expresa sencillamente dónde debe de empezar todo predicador en la preparación de un mensaje.

    a. el estudio de comentarios bíblicos sale sobrando porque eso significa incredulidad en que Dios nos pueda iluminar con su Espíritu Santo.

    Esta respuesta **no** tiene sentido. El predicador debe saber aprovechar de los libros auxiliares para el estudio de la Biblia, sabiendo que son meros instrumentos producidos por verdaderos hombres de Dios.

    b. el predicador del evangelio no debe leer ningún otro libro fuera de la Biblia. Cualquier otra cosa es de producción humana. El verdadero cristiano, y con mayor razón el predicador del evangelio, se ha apartado del mundo y, por consiguiente, de todas las producciones mundanas.

    Esta respuesta tampoco es correcta. Entendemos que nosotros hoy día somos meros descendientes de otros cristianos en otros tiempos que han vivido sus vidas para Cristo y han escrito excelentes obras teológicas, las cuales nosotros podemos y debemos utilizar.

12. b. los diferentes mensajes de un predicador deben ser variados, sin olvidar ninguna parte de la Biblia.

    Entre las tres posibilidades, esta respuesta es la más adecuada al ver que a pesar de que un predicador puede tener sus preferencias en cuanto a la predicación de ciertas porciones bíblicas, su carrera de predicador debe ser dedicado a la predicación de la Palabra de Dios en su totalidad.

    a. cada mensaje del predicador debe abarcar los conceptos que se encuentran desde el Génesis hasta el Apocalipsis, sin que falte ningún concepto.

    Si escogió esta respuesta, usted no ha comprendido el párrafo. Vuelva a leerlo y trate de escoger la frase correcta.

    c. debe aprenderse de memoria un buen número de versículos de cada libro de la Biblia.

    Muchas personas quieren substituir el estudio que da un conocimiento profundo de la Biblia, gastando tiempo en aprender de memoria largas porciones de la Biblia. Sólo saber bastantes versículos de memoria da un conocimiento muy superficial de la Biblia, y se corre el peligro de adquirir un aire de suficiencia, creyendo que por conocer muchos versículos de memoria ya es un buen cristiano. Lo que hace a un individuo un buen predicador no es los muchos o los pocos versículos que conoce de memoria, sino la mucha o poca profundidad de sus conocimientos de la Biblia. Vuelva usted a leer el párrafo y escoja de nuevo la frase correcta.

13. Para comentar en clase.

14. Su propia respuesta, para compartir en clase.

15. c. tener una personalidad y una actitud que permitan que los hermanos de la iglesia se acerquen en confianza al predicador para consultar sus problemas serios e íntimos, así como visitar sistemática los hogares de los hermanos.

    Usted ha escogido la frase correcta. Quiere decir que sí comprendió lo que leyó. Siga adelante con su estudio.

    a. pasar la mayor parte del tiempo en su cuarto de trabajo, a fin de orar mucho y leer bastante la Biblia.

    Si escogió esta frase, usted no ha comprendido lo que dice el párrafo. Vuelva a leer el párrafo y escoja de nuevo la frase correcta.

    b. pedir a algunos hermanos de la congregación que le notifiquen inmediatamente que vean a algún hermano cometiendo alguna falta moral, o de cualquier otra índole.

    Lo único que haría esta actitud sería fomentar el chisme entre los hermanos de la iglesia. Con esto también se fomenta la división. El pastor, y el predicador del evangelio deben buscar la armonía de todos los hermanos de la congregación.

16. a. debe estudiarlo bien hasta comprenderlo y estar en condiciones de presentarlo en un mensaje fácilmente comprensible para la congregación.

    Si escogió esta respuesta, usted sí ha comprendido el párrafo. Siga adelante con su estudio.

b. por lo difícil del texto, es mejor no tocarlo. Podrá confundir a la congregación.

Usted no ha comprendido el párrafo. Vuelva a leerlo y escoja la frase correcta.

c. es mejor invitar a una persona más capacitada que uno para que predique sobre este texto a la congregación.

Hacerlo así es creer que uno no es capaz de predicar ciertas porciones de la Biblia. Si esto es cierto, entonces el predicador debe esforzarse para prepararse mejor, a fin de ser un instrumento útil en las manos de Dios. Usted escogió la frase equivocada. Vuelva a leer el párrafo.

17. c. Es necesario predicar sobre los textos familiares, pero al igual que los textos oscuros, requieren mucho estudio a fin de sacar un buen mensaje y no aburrir a la congregación.

Esta es precisamente la correcta. Siga adelante con su estudio.

a. Con los textos fáciles sucede lo contrario que con los difíciles. No necesita estudiarlos mucho, pues por ser muy conocidos, fácilmente se puede hacer un buen sermón sin mucho estudio.

Ese es el pensamiento de muchos pastores a quienes no les gusta mucho el estudio. Cuando no han preparado su sermón a tiempo, lo que hacen es escoger un texto que les resulta familiar, y predican sin mucha preparación y estudio. Esto resulta en un sermón aburrido. Insistimos en que los textos familiares requieren mucha preparación a fin de no aburrir a la congregación, y tener un mensaje útil y nuevo, a pesar de ser un texto muy conocido. Vuelva a leer el párrafo y escoja de nuevo el punto correcto.

b. Uno debe evitar predicar sobre textos familiares, porque puede vulgarizarse el predicador.

Tomar la actitud que se manifiesta en este enunciado indica demasiada arrogancia de parte de un predicador. El predicador del evangelio debe ser una persona humilde, que no busca sobresalir, sino cumplir la voluntad de Dios, sea cual fuere. Usted no ha comprendido el párrafo, vuélvalo a leer.

18. a. Buscar la dirección de Dios.
b. Hacer uso de toda la Biblia.
c. Escoger el texto de acuerdo a las necesidades de la congregación.
d. Tener cuidado que se seleccionen tanto textos fáciles como difíciles de entender para los oyentes.
e. Usar también los textos familiares o comunes.

19. a. descartar los métodos convencionales en forma absoluta.
b. confiar demasiado en los métodos convencionales.

20. b. una porción de la Biblia más grande que el texto que estudiamos, y que forma en sí una unidad, algunas veces como parte de un argumento.

Si escogió esta respuesta, quiere decir que comprendió bien el párrafo. Siga adelante con su estudio.

a. otro texto bíblico similar o parecido a un texto determinado de la Biblia.

Esto no es lo que dice el párrafo. Usted no lo ha comprendido. Vuelva a leerlo, y escoja de nuevo la frase correcta. Lea el párrafo con cuidado.

c. la explicación que podemos encontrar del texto en algún comentario bíblico.

El contexto nunca viene de otros libros, aparte de la Biblia. Tiene que estar en la Biblia misma. Usted no comprendió el párrafo. Vuelva a leerlo.

21. Para comentar en clase.

22. Para comentar en clase.

23. c. debemos utilizar un diccionario bíblico o uno de la lengua castellana.

Usted ha escogido la respuesta correcta. Quiere decir que comprendió bien el párrafo. Siga adelante con su estudio.

a. debemos ponernos en oración hasta que se nos esclarezca la mente, y súbitamente podamos comprender su significado.

Es verdad que para Dios no hay nada imposible, pero Dios no está para suplir nuestra flojera por el estudio. Si Dios ha querido que en su iglesia se produzcan libros tales como el diccionario bíblico y los comentarios bíblicos, es porque quiere que su pueblo los utilice. Usted no ha comprendido el párrafo. Vuelva a leerlo, y escoja de nuevo la frase correcta.

b. es bueno anotarlas en un cuaderno especial para ello, y consultar con una persona preparada cuando la veamos.

¿Y qué haría si no ve a tal persona hasta después de preparar el mensaje? Usted no comprendió el párrafo. Vuelva a leerlo.

24. Su propia tarea, para compartir en clase.

25. Su propia tarea, para compartir en clase.

26. Su propia tarea, para compartir en clase.

27. Su propia tarea, para compartir en clase.

28. Para comentar en clase. Su respuesta puede incluir, por ejemplo, cómo fueron las puertas de las casas y de la ciudad.

29. Debe hacer un estudio profundo y cuidadoso para llegar a una conclusión correcta.

30. Su propia tarea, para compartir en clase.

31. Su propia respuesta, para compartir en clase.

32. c. Después de haber estudiado cuidadosamente en oración el texto.

     Así es. Primero debe hacer el estudio personal y sólo después, debe consultar lo que otros dicen.

     a. Al iniciar su estudio del texto.

     Si lo hace así, nunca aprenderá a interpretar la Biblia y pensar por sí mismo. Vuelva a leer los párrafos y escoja de nuevo la respuesta correcta.

     b. Al averiguar el contexto.

     Si escogió esta respuesta, no ha comprendido esta sección. Debe leerlo una vez más y escoger de nuevo la respuesta correcta.

33. Su propia tarea, para compartir en clase.

34. a. Hacer uso del contexto.
    b. Estudiar el fondo histórico.
    c. Conocer el significado de las palabras más importantes del texto.
    d. Determinar si el lenguaje es literal o figurado.
    e. Hacer uso de los pasajes paralelos.
    f. Conocer las costumbres de los pueblos a los cuales se dirige el autor.
    g. Interpretarlo en armonía con toda la enseñanza bíblica.
    h. Aplicar los principios básicos que tuvieron valor en el pasado.
    i. Investigar las interpretaciones de otros estudiantes de la Biblia.

LECCION 3
COMPROBACION

1. propósito.

2. fijo o específico o definido.

3. c. Cuando el predicador fija el propósito de su mensaje, puede concretarse a presentar bien un solo tema y así su mensaje será más eficaz.

   Muy bien. Usted ha comprendido el párrafo. Siga adelante con su estudio.

   a. Un buen predicador es el que se para en el púlpito, abre la Biblia donde el Espíritu Santo le indica, y comienza a predicar con inspiración.

   Usted escogió una oración equivocada. Las personas que piensan así están buscando algo que justifique su flojera. Son personas a las que no les gusta estudiar, y quieren esconderse detrás del Espíritu Santo. Pero la verdad es que Dios no ayudará a las personas que no tienen un espíritu diligente. Vuelva a estudiar el párrafo y escoja de nuevo el enunciado correcto.

   b. Cuando un predicador fija con tiempo el propósito de su mensaje, es porque no sabe depender de Dios y confía más en sí mismo.

   Usted no ha comprendido el motivo de la preparación previa de la predicación. Vuelva a leer cuidadosamente el párrafo, y busque el enunciado correcto.

4. a. la oración para pedir la dirección divina es más concreta y el predicador puede estar más dispuesto para que Dios le guíe.

   Si escogió esta, quiere decir que comprendió bien lo que leyó. Siga adelante.

   b. entonces es innecesario buscar a Dios, pues uno ya ha tomado decisiones personales.

   La respuesta de la letra b ha sido la reacción de algunos predicadores sinceros, que han visto con tristeza como algunos colegas suyos han confiado más en la preparación académica que en la dirección de Dios. Sin embargo, no por eso vamos a ir al otro extremo, al punto de despreocuparnos por completo. Se supone que antes de decidir el propósito del sermón, el predicador ha pedido la dirección divina para escoger un propósito de acuerdo con los propósitos divinos. Usted ha escogido una respuesta equivocada. Vuelva a leer el párrafo y escoja la respuesta correcta.

   c. uno se siente más seguro de lograr sus propios propósitos para la congregación, y así llegar a ser un pastor con éxito.

   El pastor que piensa tal como se expresa en la respuesta c no ha entendido para qué lo llamó Dios. Nosotros debemos, como predicadores del evangelio de Jesucristo, responder a los propósitos de Dios, y ser instrumentos suyos. Solamente nos interesa el éxito de los principios de Jesucristo, y de su iglesia. No debemos pensar en términos de éxito personal. Vuelva a leer el párrafo y escoja de nuevo la respuesta que le parezca ser la correcta. Lea con cuidado.

5. b. el sermón estará dirigido a necesidades concretas de la congregación, y así les animará a tomar una decisión.

   Usted ha escogido la letra b. Quiere decir que comprendió bien el párrafo que acaba de leer. Siga adelante con su estudio.

   a. el predicador hábil se cuidará de evitar tocar los problemas serios que afectan a alguna persona de la congregación.

   El predicador que actúa como se describe en esta respuesta se asemejaría a los profetas criticados en Jeremías 6:14: *Y curan la herida de mi pueblo con liviandad, diciendo: Paz, paz; y no hay paz.* Lea en su Biblia todo el capítulo 6 de Jeremías. Luego vuelva a leer el párrafo de esta lección, y trate de escoger la respuesta correcta.

   c. se procurará exaltar las cualidades de los hermanos que dan las mejores ofrendas, y así se conserva una muy buena cantidad en la tesorería.

   Usted ha escogido una respuesta equivocada. La predicación del evangelio no es para agradar a los hombres. Presentar este tipo de mensajes significa que el predicador quiere el tipo de éxito de acuerdo a las instituciones no cristianas. Vuelva a leer el párrafo, y escoja otra vez la respuesta que le parezca la correcta.

6. Su propia respuesta, para compartir en clase.

7. a. Ayuda en la preparación total del mensaje.
   b. Sirve de guía en la oración.
   c. Produce mejores resultados.
   d. Resulta que el mensaje satisfaga las necesidades.

8. inconversos, cristianos.

9. c. mostrar la imagen real del hombre sin Cristo, y presentar el amor redentor de Dios y el camino establecido por él para la redención humana.

   Usted escogió la letra c. Quiere decir que sí ha comprendido el estudio. Siga adelante.

   a. demostrar que los católicos están completamente perdidos.

   Usted escogió la letra a. Este tipo de predicación evangelizadora es de las peores. Muestra falta de amor. El predicador del evangelio no debe basar su predicación en ataques a terceras personas. Debe concretarse en presentar el aspecto claro del evangelio. Un mensaje evangelizador habla del amor redentor de Dios en Cristo Jesús. No tenemos por qué querer quedar bien ante el mundo hablando mal del prójimo. Jesucristo nos invita, en el Sermón del monte, a no juzgar a fin de que nosotros no seamos juzgados, porque con la misma vara con que medimos, nos volverán a medir.

   b. mostrar cuán equivocadas están todas las demás iglesias. Sólo la nuestra es buena.

   Usted escogió la letra b. Este tipo de predicación evangelizadora es de las peores. Muestra falta de amor. El predicador del evangelio no debe basar su predicación en ataques a terceras personas. Debe concretarse en presentar el aspecto claro del evangelio. Un mensaje evangelizador habla del amor redentor de Dios en Cristo Jesús. No tenemos por qué querer quedar bien ante el mundo hablando mal del prójimo. Jesucristo nos invita, en el Sermón del monte, a no juzgar a fin de que nosotros no seamos juzgados, porque con la misma vara con que medimos, nos volverán a medir.

   d. hablar de las desgracias que le vienen al hombre sin Cristo, y de los terribles sufrimientos que le esperan en el infierno al que no acepte nuestro mensaje.

   La afirmación que se encuentra en la letra d es equivocada. El evangelio de Jesucristo es las buenas nuevas de amor, no es anuncio de terror. Dios quiere que vengamos a él por amor, y no obligados por el miedo. Si analizamos bien las Sagradas Escrituras, esta posición no puede tener base bíblica en ninguna manera. Al contrario, podemos asegurar que es una posición antibíblica. Vuelva a leer el párrafo, y escoja de nuevo la frase correcta. Lea con cuidado.

10. práctica o la vida diaria.

11. base bíblica.

12. Su propia respuesta, para compartir en clase.

13. debe abarcar en cada mensaje sólo una parte de determinada doctrina.

14. c. deben evitarse en la predicación, o explicar el significado de los que usa.

   Usted ha escogido la frase correcta. Siga adelante con la lección.

   a. el predicador debe usarlos libremente cuando predica a creyentes. El creyente debe acostumbrarse a buscar en el diccionario las palabras que no entiende.

   Es verdad que es difícil evitar usar los términos teológicos para un predicador joven, o que recién ha estudiado teología. Pero debe hacer un esfuerzo para traducir los términos teológicos en lenguaje comprensible para el pueblo que no ha estudiado teología. Cuando el médico nos explica de alguna enfermedad que tenemos, no utiliza los términos de los libros, sino que usa palabras que comprendemos. Lo mismo hace el abogado y el arquitecto. Vuelva usted a leer el párrafo porque ha escogido una respuesta equivocada. Después vuelva a escoger la respuesta correcta.

   b. deben explicárselos a los creyentes durante las clases de preparación para el bautismo, a fin de que el predicador los utilice libremente en sus sermones.

   Sí, se puede explicar algunos de los términos en las clases para el bautismo, sin embargo, esto no justifica el uso de terminología técnica en los mensajes. Lea de nuevo la información y busque la respuesta correcta.

15. b. hablar de lo que sí es el pensamiento cristiano de lo que la Biblia enseña.

   Si usted escogió la letra b, usted comprendió el párrafo. Siga adelante con su estudio.

   a. destruir positivamente las doctrinas que predican los pastores en las iglesias cercanas, y que podrían quitarnos a los miembros de nuestras iglesias.

   En la frase a que usted escogió, el término **positivamente** se utiliza en un significado muy diferente al de la parte que dice: **Presentar un mensaje doctrinal en forma positiva.** Predicar en contra del vecino no es el propósito al cual llama Dios a sus predicadores. La misión de un predicador del evangelio está muy por encima de estas pequeñeces. Hay iglesias que parecen que su única razón de existir es para vivir en discusión en contra de todos los demás grupos. Pareciera como si en su corazón no pudiera establecerse el amor que nos hizo salvos. Usted ha escogido una frase incorrecta. Vuelva a leer la información y escoger la frase correcta.

    c. predicar sobre los aspectos buenos que tienen las sectas falsas, o algunas religiones no cristianas.

        Usted ha escogido una frase equivocada. No hay razón de desperdiciar el tiempo de la predicación en una iglesia cristiana en promover las demás religiones. Máxime que según la afirmación de Jesucristo mismo, él es el único camino, la única verdad, y la vida y nadie viene al Padre sino por él. Usted no comprendió la información. Vuelva a leerla, y escoja la frase correcta.

16. a. Debe abarcar en cada mensaje sólo una parte de determinada doctrina.
    b. Debe presentarse en forma sencilla.
    c. Debe presentarlos en forma positiva.

17. Su propia tarea, para compartir en clase.

18. a. una mayor consagración de todos los miembros de la iglesia.

    Si usted escogió la letra a, ha escogido la frase correcta. Siga adelante con su estudio.

    b. programas atractivos en la iglesia.

        Cuando el crecimiento numérico de una iglesia depende de programas atractivos, y nada más, tiene unas bases muy débiles. No está fundada en el verdadero fundamento, que es Cristo. Usted no comprendió el párrafo. Vuelva a leerlo cuidadosamente.

    c. el esfuerzo evangelístico del pastor.

        Hay congregaciones que tienen un pastor para que él haga todo el trabajo de la iglesia. No entienden que el pastor es alguien que Dios ha separado, de entre los demás hermanos, para que cumpla una función especial. Creen que **contratar** un pastor es como contratar a una muchacha en su casa para no tener que ocuparse de hacer los quehaceres. Usted no ha comprendido el párrafo. Vuélvalo a leer y escoja de nuevo la frase correcta.

19. d. una manifestación de una vida que crece en su consagración.

    Si usted escogió la frase d, usted ha comprendido el párrafo. Siga adelante con su lectura.

    a. una doctrina inventada por los pastores flojos para que les ayude la congregación en los trabajos para los cuales la iglesia contrató al pastor.

        La frase a que usted escogió está incorrecta. Vuelva a leer el párrafo, y escoja otra vez la frase correcta.

    b. algo que nada tiene que ver con si uno está o no consagrado.

        Usted escogió la letra b. No ha comprendido lo que el párrafo está diciendo. Vuelva a leer el párrafo y escoja otra vez la letra de la frase correcta. Lea con cuidado.

    c. una doctrina inventada por los hombres de las iglesias que tienen pastores a los que se les paga un salario, para que los creyentes los sostengan.

        Hablar como se expresa la respuesta c, es no haber comprendido algunas afirmaciones bíblicas. Además, el párrafo en ninguna manera está hablando así. Usted no ha comprendido lo que el párrafo afirma. Vuelva a leerlo, y escoja la frase correcta.

20. b. la manifestación inequívoca de una vida convertida.

    Usted ha escogido la letra b. Es la contestación correcta.

    a. necesaria para ser salvo.

        Esta afirmación es contraria a la esencia del evangelio. La salvación no depende de lo que hacemos o dejamos de hacer. Lea en su Biblia Romanos 3:12-31. Luego de leer este pasaje, vuelva a leer el párrafo, y escoja otra vez la frase correcta.

    c. exigencia solamente para los pastores.

        La frase c que usted escogió es una manera de pensar que indica una herencia de la Iglesia Católica Romana. El pastor no es superior, en ningún aspecto, al resto de la congregación. El pastor no es más que un hermano entre los hermanos, que Dios ha separado para que cumpla una función determinada en su iglesia. Usted no comprendió el párrafo que acaba de leer. Vuelva a leerlo y trate de escoger la frase correcta.

21. b. en lugar de emitir un juicio terminante, se deben predicar los principios bíblicos adecuados, a fin de que cada creyente pueda tomar una decisión responsable a tono con los principios del evangelio.

    Usted ha escogido la letra b. Ha comprendido el párrafo que acaba de leer. Siga adelante con su estudio.

    a. puesto que tienen sus peligros, hay que predicar siempre en contra de ellos. Podría haber hermanos débiles que se perdieran.

    Esta respuesta es típica de las personas que andan en temor, y no en amor. El evangelio nos dice que la salvación es gratuita. Pero no nos dice que es fácil. Usted no ha comprendido el párrafo que ha leído. Vuelva a leerlo y a escoger la frase correcta.

    c. puesto que la Biblia no dice nada, se pueden pasar por alto, sin preocuparse en absoluto por ellos.

    La respuesta c es una que a veces usa un predicador miedoso. Es menester guiar a los creyentes para que puedan aplicar normas bíblicas a los asuntos que la Biblia no menciona específicamente. Mantener silencio indica falta de responsabilidad en cuanto a estos asuntos. Vuelva a leer el párrafo y a escoger la respuesta correcta.

22. b. dar normas generales bíblicas para que el creyente pueda tomar su propia decisión.

    Sí, esto es lo que el predicador debe hacer.

    a. denunciar el cine, el baile, las modas, etc.

    Si usted escogió la respuesta a, no ha entendido el párrafo. Hay predicadores que sí denuncian estas cosas, pero esto no ayuda a los creyentes a aplicar normas bíblicas. Lea de nuevo el párrafo y escoja la respuesta correcta.

    c. dejar toda la decisión al creyente sin decir nada.

    Usted escogió la letra c. Las Sagradas Escrituras contienen los principios básicos de los problemas básicos del hombre. Ser ministro del Evangelio implica ser un individuo de mucha responsabilidad y preocupación seria de la salud moral y espiritual del pueblo de Dios. No podemos imponer nuestros criterios, mucho menos en aspectos difíciles en los cuales la Biblia no tiene nada específico, concreto, en el sentido de que no nombra los asuntos mencionados. Pero el ministro del evangelio tiene que responder por el cuidado de la grey que se le encomienda. Vuelva a leer el párrafo, y escoja de nuevo la frase correcta.

23. Su propia respuesta, para compartir en clase.

24. Su propia tarea, para compartir en clase.

25. Su propia tarea, para compartir en clase.

26. Su propia tarea, para compartir en clase.

27. Busque las respuestas en la primera sección de la lección.

28. Busque las respuestas en la segunda sección de la lección.

LECCION 4
COMPROBACION

1. b. El tema es un enunciado corto que resume la idea central del mensaje.

   Usted ha escogido el enunciado correcto. Siga adelante con su estudio.

   a. El tema es un enunciado muy atractivo por medio del cual el predicador demuestra sus capacidades.

   Esta no es el enunciado correcto. Usted no ha comprendido el párrafo. Vuelva a leerlo y a escoger el enunciado correcto.

   c. El tema es todo un párrafo de una media hoja que explica las principales ideas del mensaje.

   Esto es precisamente lo opuesto de lo mencionado en el párrafo. Vuelva a leer cuidadosamente el párrafo, y escoja de nuevo el enunciado correcto.

2. frustración, confusión.

3. Debe estudiarlo hasta conocerlo bien.

4. aplicación.

5. c. utilizar un lenguaje fácilmente comprensible para los oyentes, y que permita tratar los temas con toda la profundidad requerida.

   Ese es precisamente el pensamiento descrito en el párrafo que usted acaba de leer. Usted ha comprendido bien. Siga adelante con su estudio.

   a. no meterse en profundidad de conceptos cuando el tema es nuevo, o la congregación está formada por personas de tan poca preparación que no entenderían temas profundos.

   Cuando el tema es nuevo para la congregación, el predicador que realmente ha estudiado su mensaje y que ha reflexionado suficiente tiempo en cada punto, muy bien puede meterse en profundidades. Logra hacerlo porque si conoce bien su tema, puede ocupar ilustraciones y palabras sencillas para explicar lo que él ya conoce bien. Es difícil meterse en profundidades y utilizar a la vez un lenguaje sencillo cuando el predicador mismo no conoce a fondo el tema del cual predica. En este caso, ni siquiera debe intentar presentar un mensaje sobre ese tema. Primero habrá de estudiarlo suficientemente. Un pastor que jamás se mete en profundidades en sus mensajes es un predicador que no prepara bien sus mensajes. Vuelva a leer el párrafo, porque usted no lo comprendió bien. Después de leerlo, trate de escoger la respuesta correcta.

   b. predicar siempre sobre temas bien conocidos por los oyentes.

   Usted no ha comprendido el párrafo. Si siempre se predica sobre temas ya conocidos por los oyentes, no habrá crecimiento espiritual. Los oyentes deben aprender de los mensajes. Vuelva a leer el párrafo y a escoger la respuesta correcta.

6. valioso o importante, texto bíblico.

7. Su propia tarea, para compartir en clase.

8. a. Conocerlo clara y profundamente.
   b. Adaptarlo a las capacidades de los oyentes.
   c. Basarlo en algo de suficiente importancia.

9. texto bíblico.

10. Su propia tarea, para compartir en clase.

11. Su propia tarea, para compartir en clase.

12. a. el texto.
    b. los procedimientos lógicos.

13. b. Cuando ya se tienen el texto y el tema listos, hay que proseguir con la acumulación del material útil para la preparación del mensaje.

    Usted ha escogido el enunciado correcto. Siga adelante con su estudio.

a. Una vez decididos el texto y el tema, el predicador ya se puede sentar a preparar su mensaje. Cualquier otra cosa que se añada no será bíblico, y dañará el mensaje.

Muchos predicadores así actúan. Sin embargo, su predicación pronto se hace monótona y aburrida. Jamás tienen algo nuevo. Su congregación ya conoce de memoria su pensamiento. Usted no ha comprendido el párrafo. Vuelva a leerlo y a escoger el enunciado correcto.

c. Uno bien puede acumular material, y de acuerdo con el material acumulado determinar el tema de su próximo mensaje, y luego escoger el texto que apoye el tema escogido.

Usted ha escogido el enunciado que describe precisamente lo opuesto a lo descrito por el párrafo. Vuelva a leerlo con cuidado, y escoja de nuevo el enunciado correcto.

14. Su propia respuesta, para compartir en clase.

15. Su propia respuesta, para compartir en clase.

16. a. descubrir el mensaje bíblico de cada libro y los acontecimientos bíblicos.

Esa es precisamente la respuesta correcta. Usted ha comprendido bien el contenido del párrafo. Siga adelante con su estudio.

b. aprenderse de memoria textos claves para convertir a los pecadores.

Abundan los predicadores que la única forma en que conocen su Biblia es por medio de versículos aislados aprendidos de memoria. Cuando se encuentran a alguien que consideran **impío**, entonces le disparan una sarta de versículos, hasta que, según ellos, lo derrotan. Esto es conocer la letra, mas no el espíritu de la Biblia. Vuelva a leer el párrafo para que entienda lo que dice, porque usted no lo ha comprendido. Después escoja la respuesta correcta.

c. hacerse evangélico y asistir a la escuela dominical.

Hay muchos evangélicos que asisten a la escuela dominical, pero no conocen bien la Biblia. Generalmente son personas que van al templo por costumbre y no con la idea de buscar a Dios por medio del estudio de su Palabra. Además, en el párrafo ni se hace mención del asunto. Usted no lo ha leído con cuidado. Vuelva a leer cuidadosamente el párrafo, y escoja la respuesta correcta.

17. a. La Biblia.
    b. Otros libros.

18. Su propia respuesta, para compartir en clase.

19. c. que necesita dedicar tiempo a la observación de la naturaleza y el mundo que le rodea. Así puede darse cuenta de mucho material que pueda usar en sus mensajes.

Usted ha comprendido bien su lectura. Siga adelante.

a. que ha renunciado al mundo. Por eso, a fin de llevar una vida de santidad ha de permanecer la mayor parte del tiempo en su cuarto para la oración y meditación. Así tendrá siempre un mensaje piadoso.

Quien así piensa ha distorsionado el concepto bíblico de renunciar al mundo. Renunciar al mundo no es vivir fuera de él, sino renunciar a vivir de acuerdo con las normas de los hombres sin Cristo. Los cristianos deben ser sal y luz del mundo. Por otro lado, el cristiano maduro puede asomarse a las bajezas de la humanidad sin escandalizarse. Al contrario, al contemplarlas se compadece más de la humanidad sin Cristo, y es movido a llevarles las buenas nuevas de salvación. Usted no comprendió lo que el párrafo quiere decir. Vuelva a leerlo, y a escoger la respuesta correcta, porque en esta ocasión se equivocó.

b. tan ocupado en salvar las almas perdidas que no puede malgastar su tiempo en observar los acontecimientos del mundo pecador que le rodea, y al cual tiene que combatir como buen soldado de Jesucristo.

Hay predicadores muy activos (más bien inquietos), que hacen muchas cosas, pero casi nada hacen bien. Están muy preocupados por hacer muchas cosas, no por hacerlas bien. El evangelio aún no ha hecho su obra cabal en este tipo de individuos, y la actividad es una trampa de Satanás para evitar que crezcamos en nuestra vida espiritual. Usted no ha comprendido el párrafo. Vuelva a leerlo y a escoger la respuesta correcta. Lea con cuidado.

20. Su propia respuesta, para compartir en clase.

21. a. La lectura.
    b. La observación.
    c. La reflexión personal.

22. b. aclarar los conceptos.

Usted ha escogido la respuesta correcta. Muy bien. Siga adelante.

a. adornar el mensaje, a que no parezca tan seco.

Esto no es el propósito básico de las ilustraciones. Más adelante vamos a ver que sí será una de las ventajas de utilizarlas, pero no es el propósito principal. Vuelva a leer el párrafo, porque no lo comprendió en la lectura anterior. Luego vuelva a escoger la respuesta correcta.

c. que no se duerman los oyentes.

No es bueno depender exclusivamente de las ilustraciones para que no se duerman los oyentes. Eso quiere decir que el resto del sermón es aburrido. Todo el argumento del mensaje debe mantener despierta siempre a la congregación. Usted no comprendió el párrafo. Vuelva a leerlo y a escoger la respuesta correcta.

23. a. Ayudan a alcanzar mejor entendimiento.
    b. Ayudan a captar la atención.
    c. Ayudan a recordar las enseñanzas del mensaje.
    d. Convencen a los oyentes.
    e. Adornan el contenido del mensaje.

24. a. experiencia personal.
    b. reinos de la naturaleza, humanas.
    c. cortas y sencillas.
    d. memoria.
    e. honesto, suposición.
    f. temas generales.

25. a. Las ilustraciones.
    b. Los pensamientos personales.
    c. Los pensamientos de otras personas.

26. Su propia tarea, para compartir en clase.

27. Su propia tarea, para compartir en clase.

28. Su propia tarea, para compartir en clase.

LECCION 5
COMPROBACION

1. introducción.

2. interés.

3. despertar el interés en los oyentes.

4. b. sea corta y que despierte el interés de los oyentes.

   Usted ha escogido la frase correcta. Siga adelante con su estudio.

   a. el mensaje tenga una introducción, porque esta no puede faltarle a ningún sermón.

   Sí, es importante que un mensaje tenga una introducción pero no se debe tener una introducción sólo para llenar un requisito de un buen mensaje. Vuelva a leer el párrafo, y escoja la frase correcta.

   c. comience el sermón de alguna manera, no importa cómo.

   La introducción tiene una razón de ser precisa, y por lo tanto, hay ciertas normas que ayudan a que la introducción cumpla su cometido. Vuelva a leer el párrafo, y escoja la frase correcta.

5. Las respuestas correctas son:
   a. despierta el interés de los oyentes.
   b. es corta y atractiva.
   d. presenta en forma concreta y precisa el mensaje.

   Las respuestas incorrectas son:
   c. es complicada para que los oyentes piensen.
   e. es fácil hacer.

   La introducción no debe ser complicada, sino fácil de entender. Pero ser fácil de entender no implica que es fácil hacerla. Al contrario, es difícil hacer una buena introducción.

6. Puede ser que los oyentes, al escuchar las divisiones del mensaje, ya saben de antemano lo que el predicador va a decir.

7. Se sienten desilusionados.

8. Su propia tarea, para compartir en clase.

9. a. indicarse las formas incorrectas de interpretar el texto.
   b. mencionar el motivo de escoger dicho texto.
   c. relacionar el texto con el contexto.

10. Su propia tarea, para compartir en clase.

11. Su propia tarea, para compartir en clase.

12. Su propia tarea, para compartir en clase.

13. a. El texto mismo.
    b. El fondo histórico.
    c. La geografía bíblica.
    d. Los mensajes anteriores.

14. Su propia tarea, para compartir en clase.

15. Su propia tarea, para compartir en clase.

16. Su propia tarea, para compartir en clase.

17. a. El texto.
    b. El fondo histórico.
    c. La geografía bíblica.
    d. Los mensajes anteriores.
    e. Las circunstancias de los oyentes.
    f. La ocasión.
    g. Los acontecimientos nacionales e internacionales.

18. Para comentar en clase.

LECCION 6
COMPROBACION

1. el primer.

2. a. estar seguro de cubrir en forma equilibrada todos los aspectos de un tema.

   Esta sí es la respuesta correcta. Puede seguir adelante con la lección.

   b. obstaculizar la obra inspiradora del Espíritu Santo en el momento de predicar, porque uno se esclaviza al bosquejo preparado de antemano.

   Hay algunas personas que insisten en que un predicador no tiene por qué preparar ningún bosquejo previo. Debe confiar plenamente en que el Espíritu Santo le dará lo que tiene que hablar. Ellos basan este criterio en una interpretación equivocada en Mateo 10:19. Para interpretar correctamente este versículo es necesario leer todo el capítulo diez de Mateo. Jesús se está refiriendo a sus discípulos, en caso de que sean entregados a los tribunales en una persecución. En este caso, le dice Jesús: *no os preocupéis por cómo o qué hablaréis; porque en aquella hora os será dado lo que habéis de hablar.*

   Usted no ha comprendido el párrafo, porque escogió la respuesta equivocada. Vuelva a leer el párrafo, y procure descubrir por qué se equivocó. Después escoja la respuesta correcta.

   c. cumplir con un requisito de la homilética.

   En cierta manera esta respuesta es correcta, puesto que al hacer las divisiones necesarias en el cuerpo de un sermón, sí está cumpliendo un requisito de la homilética. Sin embargo, de acuerdo con lo que el párrafo anterior dice, no es la mejor respuesta entre las tres. El párrafo da las razones de por qué es importante hacer las divisiones. Este es el aspecto básico que se quiere comunicar en este párrafo. Por lo tanto, la respuesta resulta incorrecta, porque no responde a la pregunta precisa.

   Por otro lado, la persona que actúa en la vida solamente para cumplir con los requisitos establecidos es alguien que actúa como autómata, con requisitos y normas establecidas por otra persona, y jamás por sentido propio, o por razones de las que está convencida. Es por eso que en esta lección no sólo se está enseñando al estudiante de homilética que debe dividir el cuerpo del sermón, sino que también se le dan razones para que lo haga cuando elabore su bosquejo. Es necesario encontrar una razón verdadera y convincente para decidir nuestra actuación.

3. b. los tres son buenos, y debemos elegir el que más se adapte a las necesidades de cada uno.

   Esa es precisamente la respuesta correcta. Usted comprendió el párrafo que ha leído. Siga adelante con su estudio.

   a. se nos va a decir cuál es el mejor y debemos descartar los otros.

   Usted no ha comprendido el párrafo, porque escogió la respuesta equivocada. Vuelva a leer el párrafo, y procure descubrir por qué se equivocó. Después escoja la respuesta correcta.

   c. ninguno de los tres es bueno, y por eso, debemos inventar otro que resultará mejor.

   Usted ha escogido una respuesta equivocada. Lea una vez más el párrafo y escoja de nuevo la respuesta correcta.

4. a. dar las divisiones en la introducción.
   b. dar las divisiones sólo durante el desarrollo del sermón.
   c. tener las divisiones pero no mencionarlas.

5. Su propia tarea, para presentar en clase.

6. Su propia tarea, para presentar en clase.

7. tema.

8. b. el pecado del creyente.

   Usted ha contestado bien. Pues el tema propone el asunto o la doctrina del pecado. Del asunto general del pecado, se circunscribe el aspecto del pecado del creyente. Siga adelante con su estudio.

   a. el sermón del monte.
   c. el buen samaritano.

   Los temas a y c más bien serían temas para un sermón expositivo. No pueden ser el tema para un sermón de asunto. Vuelva a estudiar desde el principio la sección III, y escoja de nuevo la respuesta correcta.

9. a. I. Salvos por la gracia de Dios
   II. Salvos por la fe
   III. No es obra nuestra
   IV. Es obra de Dios

Usted ya comprendió lo que es un sermón textual. Siga adelante con su estudio.

   b. I. La ley nos condena
   II. Nuestra fuerza de voluntad es insuficiente
   III. El amor de Dios nos redime

La división escogida por usted no puede ser una división para un sermón textual. El tema para un sermón con tal división del cuerpo podría ser: **La salvación viene de Dios**.

   c. I. La fe en Cristo Jesús
   II. Una fe que trae paz
   III. Una fe que nos es dada

La división que usted escogió no puede ser para un sermón textual. Más bien podría ser para un sermón de asunto, pues se está enfocado en el asunto (o la doctrina) de la fe. El tema para este sermón podría ser: **La fe que redime**.

10. c. el que tiene como base una porción de la Biblia, completa en sí misma.

Usted ha comprendido bien, pues escogió la respuesta correcta. Siga adelante con su estudio.

   a. el que expone los pecados de la congregación a la vista de todos.

Un sermón que expone a todos ciertas prácticas o costumbres de los miembros cómo manifestación de una vida de pecado, de ninguna manera es un sermón expositivo. Usted no ha comprendido lo estudiado. Vuelva a leer detenidamente, y escoja de nuevo la respuesta correcta.

   b. el que expone las necesidades espirituales de la congregación, y da la respuesta bíblica a tales necesidades.

Usted no comprendió las afirmaciones hechas al comenzar la lección, pues ha escogido la respuesta equivocada. Vuelva a leer desde el principio de esta sección, y escoja de nuevo la respuesta correcta.

11. a. de acuerdo a un tema.
    b. de acuerdo a un asunto doctrinal.
    c. de acuerdo a un versículo.
    d. de acuerdo a un pasaje.

12. a. 4) Predicación expositiva.
    b. 2) Predicación doctrinal.
    c. 1) Predicación temática.
    d. 3) Predicación textual.

LECCION 7
COMPROBACION

1. a. Por lo tanto, las divisiones están derivadas del orden mismo que proporciona la frase clave del texto bíblico.

   Usted ha comprendido muy bien el ejemplo. Siga adelante con su estudio.

   b. Pero las divisiones siguen los eventos en la vida de Samuel.

   Vuelva usted a estudiar detenidamente el texto sobre el cual se basa el sermón del ejemplo, y luego observe cuidadosamente las divisiones del cuerpo del sermón. Compare el texto con las divisiones. Piense otra vez en la pregunta número 1, y escoja la respuesta correcta, porque en esta ocasión usted se equivocó.

2. Su propia tarea, para comentar en clase.

3. b. ¿Quién?

   Sí, todas las divisiones hablan de la persona, así explicando **quién**. Siga adelante con la lección.

   a. ¿Por qué? y c. ¿Cómo?

   Si usted escogió la respuesta **a** o la respuesta **c**, no entendió bien el ejemplo. Vuelva a estudiar el ejemplo y escoja la respuesta correcta.

4. c. dar respuestas a la pregunta que el tema plantea.

   ¡Muy bien! Usted ha comprendido el ejemplo. En realidad, las diferentes divisiones están dando respuesta a la pregunta **¿quién?** planteada en el tema. Siga adelante con su estudio.

   a. repetir la frase clave.

   Ya hemos terminado de estudiar este método, y ahora estamos estudiando otro un tanto diferente. Además, usted no ha puesto cuidado al escoger su respuesta, porque no hay ninguna frase que se repita. Vuelva a revisar el ejemplo, y trabaje otra vez con la pregunta número 4.

   b. demostrar que lo planteado en el tema es verdad.

   El tema no plantea ninguna afirmación. Entonces no puede demostrar si lo planteado en el tema es verdad o mentira. El tema del ejemplo más bien está planteando una pregunta. Por lo tanto, las divisiones realizadas en el tema tienen que sujetarse al tema anunciado. Durante el desarrollo del sermón se dará respuesta a la pregunta planteada en el tema. Vuelva a considerar el ejemplo, y escoja la respuesta correcta de la pregunta 4.

5. Su propia tarea, para compartir en clase.

6. ¿cómo?

7. una orden o mandato.

8. Orad sin cesar.

9. Su propia tarea, para compartir en clase.

10. c. probar por qué es correcta la declaración.

    Usted ha comprendido muy bien el ejemplo. Siga adelante con su estudio.

    a. dar respuesta a la pregunta que el tema plantea.

    Este es un método que estudiamos en la sección anterior. Ahora estamos estudiando otro método. Si usted se hubiera fijado en el tema, hubiera visto que no hay ninguna palabra interrogativa. Vuelva a revisar el ejemplo, y a contestar la pregunta 10.

    b. presentar el significado de la declaración.

    Usted no comprendió el ejemplo. Las divisiones no explican el significado de la declaración. Estudie otra vez el ejemplo y escoja de nuevo la respuesta correcta.

11. a. presentar el significado de la declaración.

    Usted ha meditado bien su respuesta, y escogió la respuesta correcta. Siga adelante con su estudio.

    b. demostrar que lo planteado en el tema es verdadero.

    Si analice bien el ejemplo, se notará que las divisiones no son pruebas de que el tema es verdadero, sino desarrollan el significado del tema Estudie de nuevo el ejemplo y escoja la respuesta correcta.

    c. explicar todo el texto.

       Si usted escogió esta respuesta, está equivocado. El texto es el Salmo 133 y las divisiones no tocan todo el Salmo. Vuelva a leer el ejemplo y escoja de nuevo la respuesta correcta.

12. Su propia tarea, para compartir en clase.

13. Su propia tarea, para compartir en clase.

14. a. En forma de enfatizar una palabra o frase importante.
    b. En forma de una pregunta.
    c. En forma de una orden o mandato.
    d. En forma de una declaración o afirmación.

15. Para comentar en clase.

LECCION 8
COMPROBACION

1. Los recursos mencionados que son útiles para preparar un sermón doctrinal son:
   a. la concordancia.
   b. el diccionario bíblico.
   c. la Biblia misma, y
   e. un libro de teología.

   > d. el periódico diario.
   >
   > El periódico diario sí es un buen recurso para sermones sobre asuntos de la vida cristiana diaria, pero normalmente no es buen recurso para sermones doctrinales.

2. Biblia.

3. c. tanto los versículos que contienen la palabra clave como los que contienen sinónimos y demás palabras relacionados con la palabra clave.

   > Esta es la respuesta correcta. Una preparación completa incluye estudiar no sólo los versículos que contienen la palabra clave sino también los sinónimos y otras palabras relacionadas.

   > a. sólo los versículos que contienen la palabra clave.
   >
   > Si escogió esta respuesta, usted está equivocada. Sólo buscar los usos de la palabra clave resultaría en una preparación limitada e inadecuada. Vuelva a leer la información y a escoger la respuesta correcta.

   > b. sólo los versículos que contienen los sinónimos y demás palabras relacionados con la palabra clave.
   >
   > Esta respuesta está equivocada. Sí, se debe buscar estos versículos, pero esto no es suficiente. Lea de nuevo la información y escoja la respuesta correcta.

4. No, porque de otra manera resultaría un sermón demasiado largo y superficial.

5. Se puede usarlo para otros sermones o estudios bíblicos.

6. Su propia tarea, para compartir en clase.

7. versículo.

8. Su propia tarea, para compartir en clase.

9. Su propia tarea, para compartir en clase.

10. Su propia tarea, para compartir en clase.

11. Su propia tarea, para compartir en clase.

12. Su propia tarea, para compartir en clase.

13. Su propia respuesta, para compartir en clase.

LECCION 9
COMPROBACION

1. c. tiene como base una porción bíblica completa en sí misma.

   Usted ha comprendido bien, pues escogió la frase correcta. Siga adelante con su estudio.

   a. expone los pecados de la congregación a la vista de todos y condene a los pecadores al infierno.

   Un sermón que arroja luz y dice por qué ciertas prácticas o costumbres puedan ser la manifestación de una vida de pecado, en ninguna manera es expositivo por definición. Usted no ha comprendido lo estudiado. Vuelva a leer detenidamente, y escoja de nuevo la respuesta correcta.

   b. expone las necesidades espirituales de la congregación, y da la respuesta bíblica a tales necesidades.

   Usted no comprendió las afirmaciones hechas al principio de la lección, pues ha escogido la frase equivocada. Vuelva a leer desde el principio de esta unidad, y escoja de nuevo la respuesta correcta.

2. a. Leer el párrafo varias veces y relacionarlo con el contexto con sumo cuidado.
   b. Contestar las siguientes preguntas en base al texto: ¿Quién dijo esto? ¿Cuándo lo dijo? ¿Dónde lo dijo? ¿Por qué lo dijo?
   c. Usar un diccionario bíblico y de lengua castellana para buscar significados precisos.
   d. Escoger el tema que se deriva del contenido global del texto.
   e. Derivar las divisiones del bosquejo.

3. Su propia tarea, para compartir en clase.

4. Su propia tarea, para compartir en clase.

5. Su propia tarea, para compartir en clase.

6. a. según las verdades principales contenidas en el libro.

   Usted ha comprendido bien lo que estudió, pues escogió la frase correcta. Siga adelante.

   b. para apoyar las características de la denominación.

   No es eso lo que se ha afirmado al comenzar esta sección. Vuelva a leer cuidadosamente el párrafo anterior, y escoja la respuesta correcta.

   c. siempre para convertir a los paganos a Cristo, porque la predicación no tiene otro propósito.

   Este es un enfoque distorsionado de lo que debe ser la predicación en una iglesia cristiana. Es verdad que una función muy importante de la iglesia es la extensión del reino de los cielos, pero no es su única función. La predicación completa de una iglesia cristiana debe proveer de alimento sólido a los creyentes, a fin de que puedan crecer en su vida espiritual. Usted no ha comprendido lo que el párrafo anterior está diciendo. Vuelva usted a leer el párrafo cuidadosamente, y escoja la respuesta correcta.

7. Su propia tarea, para compartir en clase.

LECCION 10
COMPROBACION

1. c. La conclusión debe estar tan bien preparada como cualquier otra parte del sermón.

   Esa es precisamente la idea con que comienza esta lección. Usted sí está comprendiendo bien su estudio. Siga adelante.

   a. Lo mejor es que cada persona, al escuchar el sermón, haga sus propias conclusiones. Por lo tanto, es mejor terminar el sermón con el último punto de la división del cuerpo del sermón.

   Vuelva usted a estudiar la información de esta sección, pues usted no comprendió lo que dice aquí. Lea cuidadosamente.

   b. El predicador mismo debe dar la conclusión de las ideas presentadas en el sermón. Sin embargo, lo mejor es no preparar de antemano la conclusión, y dejar que el Espíritu Santo ilumine al predicador a la hora de predicar su sermón.

   El punto que usted escogió no puede ser correcto, ni es lo que se ha dicho al comenzar esta lección. El Espíritu Santo está presente con el predicador cuando prepara cada parte de su sermón, si es que el predicador ha pedido la dirección de Dios al prepararlo. Muchas veces ponemos de pretexto al Espíritu Santo para justificar nuestra pereza y falta de dedicación y seriedad en lo que tenemos que hacer. Usted no ha comprendido lo leído. Vuelva a comenzar a estudiar la lección de hoy, y escoja el punto correcto.

2. a. escribirla cuidadosamente, y aprenderla de memoria.

   Usted ha escogido la frase correcta. Siga adelante con su estudio.

   b. dejarla para ver qué se le ocurre a uno a última hora.

   Eso no es lo que se ha dicho. Cuando se deja la conclusión sin una buena preparación previa, se corre el riesgo de que el predicador no encuentre, a última hora cuando está por terminar su sermón, qué decir. Vuelva a repasar la sección que acaba de leer, y con detenimiento fíjese lo que se está queriendo decir. Luego, escoja la respuesta correcta.

   c. la presentación de un nuevo mensaje.

   La información dice que la conclusión nunca debe ser la presentación de un nuevo mensaje. Así que, esta es una respuesta equivocada. Lea una vez más esta sección y vuelva a escoger la respuesta correcta.

3. c. el predicador debe estar listo, en caso necesario, a variar el enfoque.

   Esa es precisamente la respuesta correcta. Siga adelante con su estudio.

   a. pueda hacerse más larga o más corta, según el caso.

   Eso no es lo que se ha dicho en el párrafo anterior, pues la conclusión debe ser siempre corta. Nunca se debe prolongar demasiado la conclusión, pues resultaría un nuevo mensaje. La flexibilidad de la conclusión se refiere a otro aspecto de la conclusión, que no es el tamaño de la misma. Vuelva a leer detenidamente el párrafo anterior, y escoja de nuevo la respuesta correcta.

   b. jamás hay cómo modificarla.

   Usted no leyó con cuidado, pues ha escogido la frase equivocada. Vuelva a leer el párrafo anterior.

4. b. el predicador debe evitar terminar todos sus sermones en la misma manera; debe buscar formas nuevas, o diferentes, en cada sermón.

   Esa es la respuesta correcta. Siga adelante con su estudio.

   a. debe incluir una gran variedad de ideas en la conclusión.

   Una conclusión no puede tener una gran variedad de ideas, pues su propósito no es resumir la idea principal de todo el sermón. Si así se hiciera, la conclusión se convertiría en un segundo mensaje. Usted no ha comprendido todavía este punto. Vuelva a leerlo, y escoja la respuesta correcta.

   c. en un sermón deben hacerse varias conclusiones.

   Aunque de un sermón se puedan sacar más de una conclusión, no es lo que se quiere decir aquí, cuando se dice que un predicador debe tener variedad en sus conclusiones. Lea detenidamente el contenido de los párrafos anteriores que usted acaba de leer, y vuelva a escoger la respuesta correcta, porque en esta ocasión se equivocó. Lea con cuidado.

5. Para comentar en clase.

6. a. Estar bien preparada.
   b. Ser flexible.
   c. Tener variedad.

7. inferencias, prácticos.

8. Queremos que piensen que deben poner en práctica el mensaje según las sugerencias dadas en la conclusión.

9. tomen nuevas decisiones en el camino de su vida cristiana.

10. inconversos.

11. a. clara.
    b. sencilla.
    c. corta.

12. a. Hacer deducciones.
    b. Presentar sugerencias prácticas.
    c. Hacer una invitación.

13. Su propia tarea, para compartir en clase.

14. Su propia tarea, para compartir en clase.

15. Su propia tarea, para compartir en clase.

16. Su propia tarea, para compartir en clase.

17. Su propia tarea, para compartir en clase.

18. Su propia respuesta, según su respuesta a la pregunta 17.

LECCION 11
COMPROBACION

1. Las respuestas correctas son:
   a. es el instrumento que Dios usa para comunicar su mensaje.
   c. así Dios puede manifestarse a través de él.

   Si usted marcó las respuestas **a** y **c**, ha contestado bien. Siga adelante con la lección.

   b. así puede impresionar a los oyentes con su preparación.

   El predicador que prepara su mensaje para impresionar a los oyentes no entiende lo que es la predicación. Debe predicar para la honra y gloria de Dios, no para la honra del predicador.

   d. quiere presentar un mensaje gramaticalmente correcto.

   Es importante que el sermón sea gramaticalmente correcto. Aunque esto puede ser un resultado de una buena preparación, no es el motivo para ella.

2. a. el propósito.
   b. el tema.
   c. el texto.
   d. la introducción.
   e. el cuerpo.
   f. la conclusión.

3. 20 (veinte).

4. b. debe practicar la presentación del mensaje en un cuarto a solas.

   Sí, es muy importante practicar la presentación del sermón antes de predicarlo en el culto. Usted ha contestado bien. Siga adelante con la lección.

   a. ya está listo para subir al púlpito.

   Si usted escogió esta respuesta, no ha entendido la información. Vuelva a leerla y escoja de nuevo la respuesta correcta.

   c. todavía debe tener miedo por tener que predicarlo.

   El predicador que prepara bien el sermón y lo practica, confiando en la ayuda de Dios, puede subir al púlpito sin miedo. Lea otra vez la información y vuelva a escoger la respuesta correcta.

5. a. Por el mensaje mismo.
   b. Por sabiduría durante la preparación.
   c. Para reclamar el poder divino para la presentación.
   d. Por el poder durante la presentación.
   e. Para dar gracias al Señor por el mensaje entregado a la congregación.

6. a. Por sí mismo.
   b. Por los oyentes.

7. Hay que pedir sabiduría, humildad, comprensión y amor.

8. Hay que pedir que Dios prepare los corazones, disponga el entendimiento y mueva la voluntad de los oyentes. También hay que pedir sabiduría para los oyentes para que puedan discernir el mensaje de Dios.

9. Su propia respuesta personal.

10. Su propia respuesta, para compartir en clase.

11. Para comentar en clase.

12. a. la lectura.
    b. la recitación.
    c. la improvisación.

13. 9 (nueve).

14. Las repuestas correctas son:
    a. puede corregir las faltas gramaticales.
    c. debe buscar las mejores frases para decir precisamente lo que se piensa.
    d. puede poner una atención cuidadosa al lenguaje de cada pensamiento.
    e. puede pulir y perfeccionar la elegancia del lenguaje.

Si usted escogió estas cuatro respuestas, ha entendido bien la información. Puede seguir adelante con la lección. Si ha faltado en una o más de estas respuestas, lea una vez más la información antes de seguir con la lección.

b. debe memorizarlo y evitar usar lo escrito en su presentación.

Este es parecido al método que estudiaremos en la siguiente sección, el de recitar el mensaje memorizado. Pero el método que estamos estudiando en esta sección, el de leer el mensaje escrito, requiere el uso de lo escrito. Si usted escogió esta respuesta, no entendió la información. Vuelva a leerla antes de seguir con la lección.

15. sermones.

16. sentirse nervioso (o tener miedo), confianza.

17. lugares, preparación completa.

18. a. Se logra una preparación más detallada y pulida del sermón.
b. Desarrolla la capacidad de escribir.
c. Proporciona más confianza.
d. Puede pronunciarse otra vez, y no requiere nueva preparación completa.

19. Para comentar en clase.

20. oyentes.

21. a. Se logra una preparación más detallada y pulida del sermón.
b. Desarrolla la capacidad de escribir.
c. Proporciona más confianza.
d. Puede pronunciarse otra vez, y no requiere nueva preparación completa.
e. Desarrolla en el predicador la capacidad de memorizar.
f. Permite una comunicación más directa.

22. b. pensar y desarrollar el resumen que tiene en su bosquejo.

Esta es la respuesta completa. Usted ha contestado bien. Siga con la lección.

a. hablar de cualquier tema que se le ocurre.

Es triste que esto es lo que hacen algunos predicadores. Pero esto no es lo que se debe hacer. Si usted escogió esta respuesta, está equivocado. Lea una vez más la información y escoja de nuevo la respuesta correcta.

c. leer la Biblia para llenar el tiempo.

Aunque es importante leer la Biblia, no se debe hacerlo sólo para llenar el tiempo del sermón. Vuelva a leer la información y escoja una vez más la respuesta correcta.

23. directa, eficaz.

24. a. puede adaptarse al tipo de oyentes que en determinada situación se tiene.

Usted ha contestado bien. Siga adelante con la lección.

b. puede usarse varias veces sin requerir nuevo tiempo de estudio y oración.

Es verdad que se pueda usar un bosquejo varias veces pero cada vez requiere nuevo tiempo de estudio y oración. Estudie otra vez la información y vuelva a contestar la pregunta 24.

c. puede usarse sólo una vez porque ya no sirve para otras ocasiones.

Si usted escogió esta respuesta, no entendió el párrafo. Léalo otra vez y conteste de nuevo la pregunta.

25. a. Ejercita al predicador a pensar improvisadamente.
b. Permite una comunicación más directa y eficaz.
c. Permite emplear los bosquejos repetidas veces.

26. Los medios de comunicación mencionados son:
a. La voz.
b. Las palabras escritas.
d. Los movimientos del cuerpo.

c. Las películas.

Este es el único medio que **no** se menciona en los párrafos.

27. la voz.

28. respiración.

29. Para comentar en clase.

30. articulación.

31. Para comentar en clase.

32. b. suavemente.

> Esta es la respuesta correcta. Siga con la lección.

>> a. fuertemente.

>>> En un local pequeño nunca debe hablar fuertemente. Vuelva a leer la información y a escoger la respuesta correcta.

33. c. llenarlo con la voz.

> Usted ha contestado bien. Puede seguir con la lección.

>> a. hablar lo más fuerte posible.

>>> A veces es necesario hablar muy fuerte pero no siempre es así. Vuelva a leer los párrafos y escoja de nuevo la respuesta correcta.

>> b. gritar, si es un local grande.

>>> El gritar es forzar la garganta. Hay predicadores que hacen daño a la garganta porque siempre gritan cuando predican. Esta es una respuestas equivocada. Lea una vez más la información y vuelva a contestar la pregunta 33.

34. a. Hablar lentamente.
    b. Hablar con rapidez.
    c. Hablar por medio de un corto silencio.

35. b. la misma voz que se usa en la conversación.

> Usted ha contestado bien. Continua con la lección.

>> a. un tono afectado.

>>> Algunos piensan que se debe predicar con un tono afectado, lo que se llama un **tono ministerial**. Pero esto es una idea equivocada. Lea cuidadosamente la información y conteste una vez más la pregunta.

>> c. muchos gritos.

>>> Ya hemos aprendido que no se debe gritar cuando predica. Estudie otra vez la información y vuelva a contestar la pregunta.

36. a. La respiración.
    b. La articulación.

37. a. Es clara.
    b. Se adapta a cada lugar.
    c. Usa variedad.
    d. Es natural.

38. Se puede mencionar, por ejemplo, amor, odio, compasión, venganza, vergüenza, angustia, etc.

39. Para comentar en clase.

40. b. la persona sea natural.

> Usted ha contestado bien. Siga con la lección.

>> a. se imite a otras personas.

>>> Hay predicadores que tratan imitar los movimientos de otros pero esto no resulta bien. Si usted escogió esta respuesta, está equivocado. Lea una vez más la información y escoja la respuesta correcta.

>> c. siempre esté moviéndose.

>>> Siempre estar moviéndose da la impresión de ser muy nervioso. Puede distraer la atención del oyente, haciendo que se fija más en los movimientos que en el mensaje. Escoja otra vez la respuesta correcta.

41. Debe mantenerlas quietas.

42. Para comentar en clase.

43. a. La expresión del rostro.
    b. La posición del cuerpo.
    c. El uso de las manos.